跟着生物学家做实验

【美】丽兹·李·海拿克 著

郑腾飞 方圆 译

华东师范大学出版社

·上海·

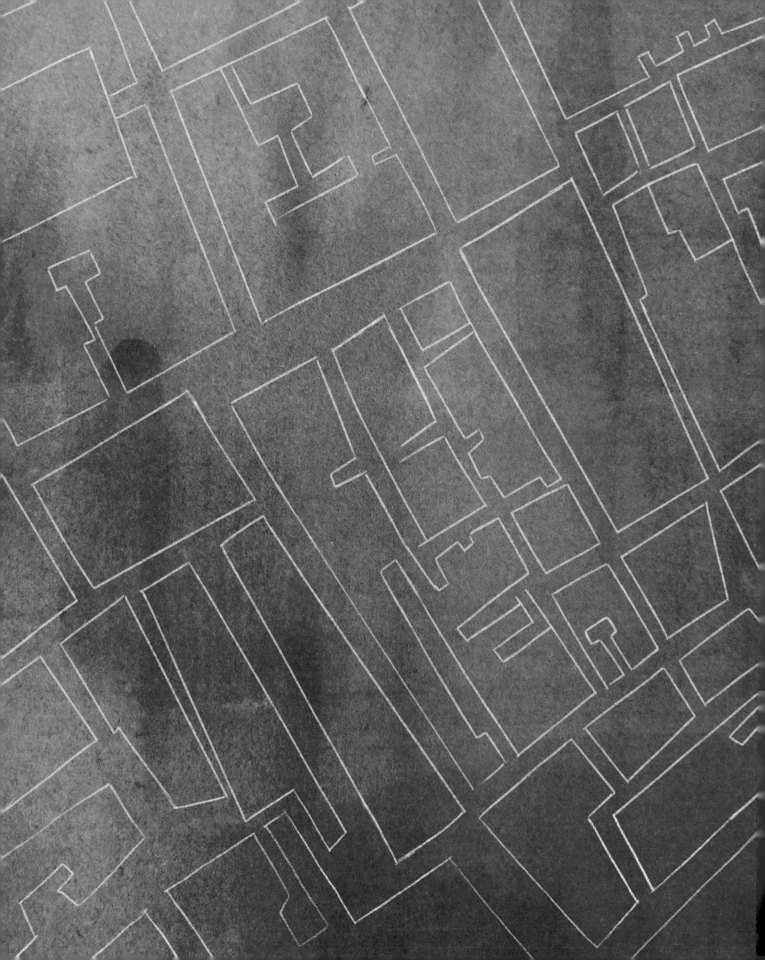

献给

科学和医学领域的

女性工作者

目　录

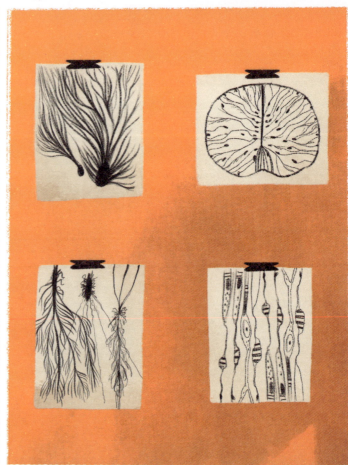

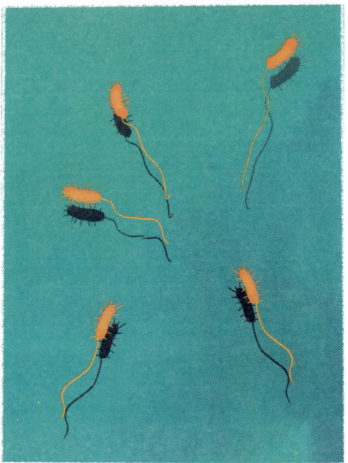

前　言

　　只需要很简单的几样材料，你就可以在生活中重现科学的历史。只要有食盐、水和一个生鸡蛋，就足够你做一个查尔斯·达尔文（Charles Darwin）曾做过的实验，用它测试鸟类和爬行动物的蛋是否能够从南美洲漂流到加拉帕戈斯群岛①。（参见实验3）用一个卷筒纸芯，你就可以亲眼看到帕特里夏·巴思（Patricia Bath）医生发明的白内障手术是怎样让数百万人重见光明的。（参见实验23）在琼脂培养基上"种"微生物，可以让你理解微生物学家范妮·黑塞（Fanny Hesse）的想法如何引发了微生物学界的革命。（参见实验10）把玻璃罐、苹果汁和吸管变身成一个简易版的曲颈瓶，你就可以重复生物学家路易·巴斯德（Louis Pasteur）最著名的经典实验。（参见实验6）

　　本书将带你踏上一段可以亲自动手的神奇旅程。这个旅程会途经25位伟大的生物学家的生活与工作瞬间，包括已经去世和仍然活跃在科学界的那些大师们。而他们也只是一小部分代表，在他们身后还有许多科学家在生命科学的世界里孜孜探索。本书在每一位科学家的故事之后，都设计了一个实验，可以让你更深刻地理解这些科学家们的想法和成就。

　　早在"生物学家"这个名词被发明之前，全世界的人们就已经意识到通过研究身边的世界，可以让我们生活得更好。研究植物和昆虫让人们发现了新的药物、学会如何更好地种植庄稼；研究动物教会了人们如何饲养出健康的牛、马、猪等家畜，以得到更充足的食物，运输也更高效。

　　经过长期的积累，一些著名的科学家渐渐脱颖而出，生物学这个新兴学科也开始形成自己的轮廓。在古希腊，希波克拉底（Hippocrates）开创了医学专业，亚里士多德（Aristotle）和提奥夫拉斯图斯（Theophrastus）撰写了关于动物和植物的专业书籍。一位伊朗植物学家和天文学家阿尔-迪纳瓦里（Al-Dinawari）出版了六卷本的植物专著。

　　1670年左右，一位名叫安东·范·列文虎克（Anton van Leeuwenhoek）的荷兰人组装了世界上第一台显微镜，并把他用显微镜看到的，在一滴池塘水滴里移动的生物命名为"微动物"（animalcules）。他的发明帮助科学家们理解了所有生物都是由更微小的叫做"细胞"的单位组成的，从此生物学领域的新发现和新想法开始爆炸般地不断涌现。

　　地球上生物种类的繁复程度令人惊叹，生物学家称之为"多样性"。不仅仅是植物和动物，那些不用显微镜就无法看到的微生物也是无处不在的——空气里、土壤中、水中，甚至是我们的身体里。大多数生物都在群落中生活，它们占领空间、搜罗食物、繁衍生息。生物们还经常会和它们的邻居合作，以便活得更健康、更长久。一些树会和在它根部土壤中生长的蘑菇共生；某些白蚁会自己种出一座真菌花园，让真菌帮它们消化要吃的木头。实际上，我们人类的生存也要依赖我们体内的微生物。

　　今天的生物学家可以说在研究一切我们能想象出的东西，从海洋、雨林、城市到空间站——整个宇宙都是他们的实验室，生物学有无限的分支领域可以去探索。有的生物学家为珊瑚礁描绘地图；有的生物学家研究人类进入动物的生存空间后动物的行为有怎样的改变；还有的生物学家为脱氧核糖核酸（DNA）测序，寻找改善人类健康状况的方法。在过去研究成果的基础上，现代生物学驱动着我们不断探寻人类认知世界的前沿和边界。

　　无论你将来要做一位微生物学家、一位鲨鱼科学家，还是一位艺术家，都希望这本书可以帮助你尊敬和感激身边奇妙的生物们。

---

① 又称科隆群岛，位于太平洋东部，属厄瓜多尔管辖的火山群岛。（编者注）

Maria Sibylla Merian
生物学家 I 玛丽亚·西比拉·梅里安
——生于1647年

艺术家

玛丽亚·西比拉·梅里安于1647年出生在德国。她的继父是位擅长绘制花卉的画家，也很鼓励她创作绘画。在那个时代，女性通常不会研究自然科学，素描、彩绘和刺绣是大众可以接受的女孩子们的爱好。事实证明，玛丽亚在描画植物和她搜集到的昆虫方面有着极高的天赋。

自然学家

作为一个有着强烈好奇心的孩子，玛丽亚从很小的时候就开始研究昆虫。13岁那年，她学会了养蚕，从此她的生命转向了新的旅程。她一边观察蚕从幼虫变成飞蛾的发育过程，一边写道："我意识到，其他毛毛虫会变成漂亮的蝴蝶或蛾子，蚕只是和它们一样而已。于是我开始搜集能找到的所有毛毛虫，这样就可以看到它们到底是怎么变化的。"①

进化

后来，玛丽亚结了婚并有了自己的孩子，但她仍然坚持绘画。除了教其他年轻女孩儿绘画，她还学会了铜版画技术，这样她的插画就可以被印在纸上了。玛丽亚对画作中的颜色非常重视，要准确地反映植物、昆虫和蜘蛛们的真实颜色，所以很多作品都是她手工上色的。

毛毛虫

积累多年后，玛丽亚出版了两卷非常精美的画册，描绘了她研究的毛毛虫的生命周期过程。过去也曾有其他画家画过蝴蝶，但玛丽亚第一次精确地描绘了蝴蝶的整个生命周期，包括蝴蝶和蛾子在哪里产卵，每种毛毛虫喜欢吃哪种植物，在哪里可以找到它们，以及它们生长过程的每一步，包括蜕皮这样的细节。她的插画里还特别画出了不同种类间雄性和雌性的差别，以及从不同的角度看到的蝴蝶的样子，帮助读者更好地辨认。这本书在大众读者中非常受欢迎，但却被其他自然学家忽略了，因为她使用的是这些蝴蝶的俗名，而不是自然学家们通用的拉丁语学名。

苏里南

在玛丽亚52岁的时候，她成了第一位独自航行至南美洲的女性，此行的目的仍然是研究昆虫。在苏里南②国，她观察并描绘昆虫、爬行动物、两栖动物和各种植物。三年后她回到家中，出版了一本画册来记录她在那里的观察成果。很多画家和自然学家都深受她这本画册的影响，卡尔·林奈（我们将在实验2中认识这位伟大的博物学家）从她的插画中辨别出了一百多种新物种，包括一种可以吃掉鸟的蜘蛛。为了纪念玛丽亚的突出贡献③，这种蜘蛛后来被命名为"圭亚那粉趾蛛"（*Avicularia merianae*），还有好几种蝴蝶也以玛丽亚的名字命名。

当今世界

现在，我们把专门研究昆虫的学科称为昆虫学（Entomology），这个学科还研究昆虫与环境及其他生物之间的关系。

昆虫可以是对人有益的，也可能是有害的。理解昆虫的生命循环，对当今的科学家们来说至关重要。这些知识可以被应用于农业、医药、破获犯罪案件等各个领域。

---

① 这种变化称为变态发育（Metamorphosis），指动物在胚后发育过程中，形态结构和生活习性上出现一系列显著变化的发育方式，幼体与成体差别很大。一般出现于昆虫与两栖动物的发育过程。（编者注）

② 苏里南位于南美洲北部，是南美洲人口最少、面积最小的国家，曾是荷兰的殖民地。（译者注）

③ 直至19世纪初，照相机才被发明出来，因此对于那之前的自然学家来说，能准确地描绘和记录生物的样子是非常重要的。（译者注）

实验 | 生物绘画/变态发育

节肢动物是一种有分节的肢体、成对的附足和外骨骼的动物，例如昆虫、蜘蛛、蜈蚣和千足虫。很多节肢动物都生活在植物上。像玛丽亚·西比拉·梅里安一样，你也可以去搜寻有趣的昆虫并研究它们在哪种植物上安家。你还可以用照相机或者自己动手画的图画来记录你的发现。

▶ **实验材料**

→ 放大镜（如果有的话）
→ 照相机或有拍摄功能的手机
→ 纸
→ 水彩笔、彩色铅笔或马克笔

▶ **安全提示和注意事项**

→ 如果不喜欢画画，可以把植物和昆虫的照片打印出来，以此记录你的重大发现。

图1：在植物上仔细搜寻昆虫。

▶ **实验步骤**

1 想一想：你要在什么时候、到哪里去寻找昆虫？根据你居住地的环境，可能接近夏末的时候最容易找到毛毛虫。有马利筋①之类的植物生长的杂草丛，是寻找毛毛虫的好地方。此外，只要是有蝴蝶或蛾子出现的地方，也可能找到毛毛虫。

_____

① 马利筋（milkweed）是一类在中国南方和美国常见的萝摩科马利筋属多年生草本植物的总称。（译者注）

2 研究一下在你生活的区域有哪些植物适合毛毛虫生长。例如，帝王斑蝶的毛毛虫可以在好几种马利筋上找到，燕尾蝶则喜欢在花园里的莳萝和西芹上产卵。

3 开始寻找昆虫吧！找一找毛毛虫和蝴蝶的卵，还有其他会飞的昆虫和甲壳虫。如果有放大镜的话，可以做更仔细的观察。（图1，图2）

4 为你在植物上找到的所有虫子拍照，要特别关注昆虫、叶子和整株植物。如果可以的话，多拍一些特写。（图3，图4）

5 如果你觉得有必要，可以从植物上采集一两片植物叶子，以此帮助你更准确地绘画。（图5）

6 利用书籍、网站或者手机上的应用程序，帮你辨认找到的昆虫和植物是哪种。

7 把你拍到的昆虫画出来，涂上颜色。在这张图上，标出昆虫的学名以及它们被发现的地点和日期。再画一画每个昆虫的特写和昆虫所停留的植物的样子。如果你还在这株植物上发现了卵、毛毛虫或者其他昆虫，也都画出来吧。（图6，图7）

图2：仔细找一找各种各样的昆虫，包括甲虫和其他"传粉小帮手"。

图3：把昆虫连同植物一起拍照。

图4：观察昆虫在做什么。

图5：特别注意那些有毛毛虫的植物。可以从上面采集一两片叶子，以此帮助你更准确地绘画。

图6：把你观察到的昆虫画下来。别忘了把它所停留的植物也画下来。

图7：仔细观察你拍的照片，可以帮你画得更精确。

奇思妙想

找到一只毛毛虫或者一颗蝴蝶的卵。把有毛毛虫或卵的整根树枝都采集下来，泡在水里。记得换水和补充新鲜叶子，直到毛毛虫变成蛹或茧。当茧孵化以后，就把蝴蝶放生吧！在这个过程中，用相机或者图画把整个变态发育的过程记录下来。还可以把你采集的树叶辨认出来，并制作成树叶标本。（参见实验15）

科学揭秘

经过大量研究，科学家们现在知道，地球上的动物有80%～90%都是昆虫。大多数昆虫都要经历一个被称为"变态发育"的生长过程。

变态发育是指从不成熟的形态（如毛毛虫）转变为成熟形态（如蝴蝶）的过程。这个过程要经历两个或者更多的步骤。以蝴蝶为例，它要经历从卵到毛毛虫、再到蛹、再到有翅膀的蝴蝶四个步骤。

科学家们相信，变态发育是随着时间慢慢进化出来的功能，这个功能让这些动物的幼虫可以不用和成虫争夺食物，从而使它们在与其他物种竞争时获得优势。例如帝王斑蝶（学名*Danaus plexippus*）会把卵产在马利筋上，当卵孵化成毛毛虫后就可以吃植物的叶子。通常毛毛虫结成的蛹也会挂在同一株植物上，一旦成熟的蝴蝶破蛹而出，它会用空心的舌头取食花蜜，以便将叶子留给更多的毛毛虫食用。

实验 2

Carl Linnaeus(Carl von Linné)

生物学家 | 卡尔·林内乌斯（卡尔·冯·林奈）

——生于1707年

花园

卡尔从很小的时候就喜爱植物。据说，只要看到一朵正在绽放的花，还是婴儿的他就会立刻停止哭泣。卡尔的父亲也是位植物爱好者。在卡尔只有5岁的时候，他父亲给了他一块土地作为小花园使用。随着卡尔慢慢长大，他对植物的兴趣丝毫未减，甚至超过了对上学的热情——他经常为了采集植物标本而旷课。

新系统

看到了卡尔在植物学方面的兴趣，老师们认为他或许也会喜欢医学。于是在大学里，卡尔选择了植物学和医学两个专业。在此期间，他还发明了给植物分类的新系统。1732年，24岁的卡尔踏上了长达6个月的考察之旅，前往芬兰最北端的拉普兰地区寻找新的动植物物种。从此以后，这样的探险持续了他的一生。

植物学王子

为了养活妻子和孩子们，卡尔做了几年医生，但他一直坚持培育花园里的植物以及研究新的动植物种类。1753年，他出版了一本叫做《植物种志》（*Species Plantarum*）的书，将他研究过的所有植物进行了分类和命名。1758年，他又发表了《自然系统》（*Systema Naturae*），为动物进行了分类和命名。这些书成了现代科学家们为动植物分类和命名的正式起点。

分类法

分类法（Taxonomy）是指把不同的事物分门别类的系统方法。卡尔通过一种新的命名系统把生物分成了更为精细的类别。他先把生物分为了植物界和动物界，接着逐步分类到更具体的类别，如门、纲、目、科、属、种。从卡尔的时代开始，科学家们发现了更多"界"的生命形态，并对不同种的生物之间的关系有了新的发现。

双名法

在卡尔的命名系统里，他使用了基于拉丁语并把两部分名字拼接起来的方法，后来人们称之为"双名法"（又称二名法），这可能是他对科学界最重大的贡献。在双名法里，第一部分名字是生物的种属或者大类，第二部分是更详细的分类。每一个物种都有一个独一无二的双名法名称，例如 *Homo sapiens*，第一部分 *homo* 指人属，第二部分 *sapiens* 则指智人类[①]。

荣誉

1757年，瑞典国王因为卡尔·林内乌斯的成就授予他贵族称号，他的名字也改为卡尔·冯·林奈[②]（Carl von Linn）。

当今世界

今天，科学家们仍然在沿用卡尔·林奈的双名法为新的物种分类和命名，只是版本进行了升级——生物的"界"从最初的动物界和植物界两类扩展到了六类[③]，其中包括真菌、真细菌和古细菌等。

[①] "*Homo sapiens*"就是我们现代人的双名法名称，也是生物学家在进行科学研究时使用的现代人类的学名。（译者注）
[②] "von"在德语中意为"来自……的"，一般有封地的贵族才可以在名字里使用它。（译者注）
[③] 随着研究技术的改进以及研究的深入，生物的界级分类出现过多种分类系统观点，目前的"生物六界分类系统"把"病毒"定为"五界"之外的"第六界"。（编者注）

实验 | 分类法/双名法

卡尔·林奈是位可以根据生物的外貌特点将它们分类的魔法师。你也可以自己动手尝试将动物分类为门、纲、目、科等类别，然后运用你学到的知识来玩"20个问题"游戏。

▶ 实验材料

→ 各种各样的塑料动物模型或者从杂志上剪下来的动物图片（毛绒玩具也可以）

→ 一个朋友或者家人

▶ 安全提示和注意事项

→ 如果你对哺乳动物、鸟类、爬行类、两栖类、昆虫和蜘蛛们之间的差别还不熟悉，查询一下这些名词的定义，把可以帮助你区分这些动物的突出特点列出来。例如，哺乳动物的血液是温暖的，会直接生下幼崽；鸟类有羽毛，通过产卵繁殖后代。

图3：用"二分检索表"把动物分到更细致的类别中。

▶ 实验步骤

1 将动物模型或图片摆放出来，参考后页上的"二分检索表"将它们分类。（图1）

2 要将动物从"门"继续细分到"纲"的级别，可以看这种动物是有脊椎动物还是无脊椎动物。有脊椎动物的体内有骨架，如人类和狗；无脊椎动物的骨骼在体外，如昆虫、蜘蛛和螃蟹等节肢动物。

3 继续把动物分类到"目"的级别。它们有皮毛吗？有没有羽毛？皮肤是干燥的还是湿润的？很快地，你就可以把动物分类到基本的类别，如哺乳类、鸟类、鱼类、爬行类和两栖类了。（图1，图2）

4 继续把动物分到"科"的级别。它们吃肉还是吃植物，或者都吃？（图3）

5 再分类到"属"。它们像狗？像猫？还是像奶牛？（图4）

6 接下来，试着玩"20个问题"游戏：让一个朋友或者家庭成员想一个他们熟悉的动物，不过不能告诉你他们想的是什么。

7 然后，你可以来猜他们想的是什么动物。每次只能问一个答案为"是"或"不是"的问题。

8 可以从一些比较概括性的问题开始问，根据对这些问题的回答继续后面的提问。例如，第一个问题可以问："它有皮毛或它是哺乳动物吗？"得到"是"或"否"的答案之后，就可以问更详细的问题，例如"它是猫科动物吗？"或者"它生活在咸水里吗？"你一共有20个提问的机会去猜出这个神秘动物是什么。

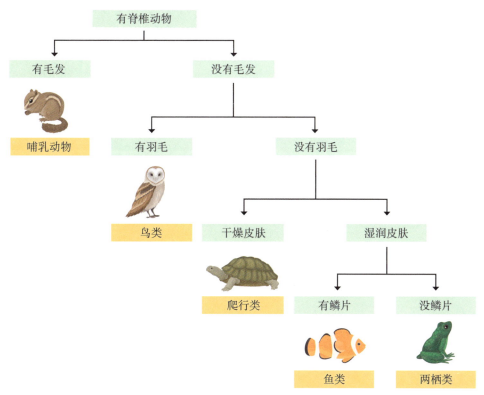

图1："二分检索表"可以帮助你根据一系列选择辨别动物的种类。

图2：用"二分检索表"为你的动物分类。

图4：把动物分到"属"的级别。

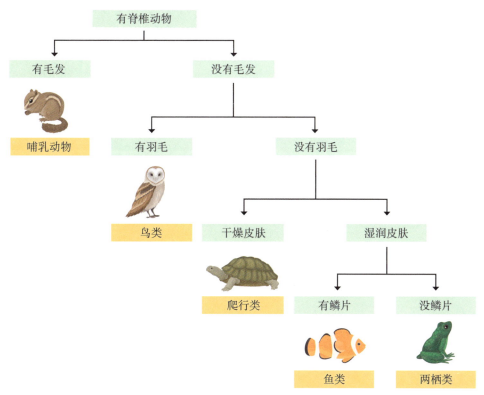

✳ 奇思妙想

用双名法来辨认一些植物或动物吧！或者自由创造一个你想象的动植物，再把它画出来！

图8：白三叶草（*Trifolium repens*，一种产自欧洲、北非及西亚的三叶草）

图5：黑脉金斑蝶（*Danaus plexippus*，可能是北美洲最广为人知的蝴蝶）的幼虫

图6：旱金莲（*Tropaeolum majus*，原产南美洲）

图7：差分蚱蜢（*Melanoplus differentialus*，遍布墨西哥北部、美国中部和加拿大安大略省南部）

🔦 科学揭秘

生物分类有若干层级，从一般分类到更具体的分类层级依次为——域、界、门、纲、目、科、属、种。本实验中的"20个问题"游戏让我们通过将动物或植物分进不同类别的方式来猜出某个神秘物种。这个游戏只给出"是"或"不是"两个选择，实质上就是在模仿一种叫作"二分检索表"的科学分类工具。只是游戏里用的是生物的俗名，而不是科学名称。

卡尔·林奈最初把自然界的东西分成了三大类——植物、动物和矿物。他根据动物的运动方式为它们分类，植物的分类则是依据它们的外形特点。从卡尔·林奈的时代到今天，我们对于地球上的生物是如何互相关联的有了更加深入的理解。今天我们仍然在沿用卡尔·林奈的双名法系统为物种命名，只是拥有了更复杂和精细的技术来帮助辨别物种之间的关系并为它们分类。

作为宠物饲养的狗看起来千差万别，这是因为它们被人们有选择地繁育，从而得到特定的体型、皮毛颜色等特点。家养（宠物）狗属于"犬科"（Canidae），其属名和种名组合成的学名为"犬属家犬种"（*Canis familiaris*）。在一个双名法命名的生物名称中，属名以大写字母开头，种名则以小写字母开头。

实验 3

生物学家 | 查尔斯·达尔文

Charles Darwin

——生于1809年

早年达尔文

查尔斯·达尔文于1809年出生在英格兰的一个富裕家庭。他的母亲在他十岁前就去世了，于是他被送进了寄宿学校。年仅16岁时，达尔文就被医学院录取了，不过没多久他就发现自己不适合漫长的讲座和血淋淋的外科手术。

求学历程

还在医学院的时候，达尔文也学习了地理、海洋生物学和植物分类的课程。后来他遇到了一位名叫约翰·埃德蒙斯通（John Edmonstone）的被释放的奴隶。约翰曾经和一位英格兰的自然学家一起到南美洲的热带雨林中探险，他教会了达尔文标本"剥制术"，通过填充来保存动物标本。后来达尔文换了一所大学，在那里获得了文学学士学位，并顺利毕业。

一次航行

1831年，达尔文登上了由罗伯特·费茨罗伊（Robert FitzRoy）船长驾驶的贝格尔号（HMS Beagle，又称小猎犬号）考察船开始了一次远洋考察，目的是绘制南美洲的海岸线图。这次他的"剥制术"手艺派上了用场，他把许多收集到的动物样本保存下来，并运回英格兰做进一步研究。在探索海边悬崖的过程中，他还发现了巨型陆地树懒的化石。最让他着迷的是加拉帕戈斯群岛（Galápagos Islands）上奇怪的植物和动物，它们是如此丰富多样，比如巨陆龟，在每个小岛上的样子都不一样。

一个理论

当达尔文结束长达五年的航行回到英格兰后，他立刻与其他科学家们分享了他的发现。著名的鸟类学家约翰·古德（John Gould）告诉达尔文，他收集的标本里有12种新的雀类，虽然它们看起来很类似，但这些雀类的喙却有不同的大小。达尔文猜想这些雀类都是从大陆飞到岛上去的，喙的样子随着时间慢慢发生了变化，变化的方向取决于它们在不同的岛上可以吃到什么样的食物。为了验证这个猜想，他繁育了很多鸽子，以观测从一代代的鸽子中可以创造出怎样的变化。他还测试了鸟蛋和种子能在海水中漂流多远。

适者生存

1859年，查尔斯·达尔文出版了一本名为《物种起源》（On the Origin of Species）的书，在书中他提出了一个理论，认为地球上的生命都是经过一种他称为"自然选择"的过程，在漫长的时间里渐渐进化（evolve）而来的。在他的理论中，生物的一些特征，如雀类或长或短的喙，如果能够帮助这个物种在环境中生存下来，就会被传递到下一代。这个现象的结果就是物种会随着时间不断改变——进化——去适应它们的生存环境。达尔文的书还为另一个理论提供了证据——所有的生物都是从共同的祖先开始，逐步分支进化成了不同的生物形态，以更好地适应它们不同的生存环境并存活下来。

当今世界

今天，我们有了更多的科学证据可以支持达尔文的"自然选择"学说和进化论。虽然达尔文以《物种起源》一书闻名于世，但他其实还写过关于贝格尔号旅行的书，在当时也非常受欢迎。他还发现了珊瑚环礁是如何形成的，出版了一本有关藤壶的书、一本有关蚯蚓的书。

实验 I 自然选择/进化论

在加拉帕戈斯群岛上，达尔文发现了一系列令人惊叹的物种，它们在不同的环境中生存和繁衍，进化出了很不一样的特征。在本实验中，我们将创造一些想象中的小岛，岛上生存着不一样的鸟类，每种鸟类的喙都能适应它所在小岛提供的食物种类。之后我们还会重复当年达尔文所做的实验，观察鸟蛋和种子如何在盐水中漂浮。

▶ 实验材料

→ 硬纸板或纸
→ 剪刀
→ 干净的高杯子
→ 记号笔或颜料
→ 超轻黏土
→ 干净的宽大容器（至少有两个鸡蛋那么高）
→ 量杯
→ 水
→ 带壳的生鸡蛋
→ 汤匙
→ 盐
→ 搅拌勺
→ 种子（在当季能找到的种子、蔬菜的种子或花的种子都可以）

图1：制作一些小岛，岛上有种子、鱼或者昆虫之类的食物。

▶ 实验步骤

探究鸟喙形状

1 因为各自生活在不同的岛上，达尔文所发现的雀类有各种各样形状的喙，分别适合吃植物的嫩芽、昆虫、仙人掌或者树叶。请在网上搜索"鸟喙的形状"，研究一下不同形状的鸟喙分别适合怎样的食物。

2 剪下一些硬纸板作为"小岛"。先用记号笔在纸板上涂色，再用黏土制作立体的鸟类栖息地。在岛上放置一种食物类型，例如种子、昆虫、花朵或者鱼。（图1）

3 为每一座小岛设计一种鸟类，用黏土捏出来，确保这种鸟类的喙能够适应你在这个岛上放置的食物。例如，如果岛上的食物是昆虫，相应的鸟类就需要细长的喙；如果食物是坚果或者种子，鸟类就需要短的圆锥形的喙来把食物的壳咬开；以花粉或花蜜为食的鸟类，可能需要弯弯的针型喙；吃鱼的鸟类则需要像矛一样的长尖喙。（图2～4）

图2：为每一座小岛设计并捏制一种鸟类。

图3：鸟类的喙需要适应它们将要生活的岛上的食物种类。

图4：多做几个这样的小岛。

✦ 奇思妙想

　　查阅资料，研究一下"达尔文雀"（Darwin's Finches）[1]，尝试用黏土把它们重现出来。为每一种达尔文雀制作一座小岛，岛上要有与这种雀的喙型对应的食物。

———————

[1] "达尔文雀"并不是指的具体某一种鸟，而是指生活在南美洲加拉帕戈斯群岛及科科斯岛，分类上隶属雀形目裸鼻雀科的一类小型鸟类，按世界自然保护联盟（IUCN）2016年的划分界定，共有4属18种。（编者注）

图1：把一个生鸡蛋放进一个装满水的高容器里。

图2：往水里加盐。

图3：继续加盐直到鸡蛋漂浮在水面上。

图4：往盐水里放种子，如芝麻。

海水实验

1　往一个干净的高容器里加水，再放一个生鸡蛋进去，看看鸡蛋在淡水里是沉下去还是浮起来。（图1）

2　通过加盐的方式模拟出在化学成分上与海水相似的水溶液。为了模拟海水，可以按1升水里加35克食盐的比例加入盐，然后慢慢搅拌直到盐全部溶解。（图2）

3　观察鸡蛋，看看它是否浮起来。

4　如果鸡蛋还没有浮起来，可以加入更多的盐，每次15克左右。记录一共加了多少盐。（图3）

5　在制成的盐水中放入种子，看看种子是否浮起来。（图4）

6　换一个宽大的容器，试着把生鸡蛋和种子从容器的一边吹到另一边，感受一下风是如何把动物和植物从一片陆地移动到另一片陆地上的。（图5）

图5：测试一下种子能否漂浮以及你能不能用吹风的方式让种子在水里移动。

 科学揭秘

今天，我们在加拉帕戈斯群岛上还可以找到13种不同的雀。这些雀类都是从同一种喙很尖的雀进化而来，从南美洲飞到群岛上的。当雀慢慢分散到加拉帕戈斯群岛的各个岛屿之后，每个岛上的种群就开始慢慢适应它们生活的新的独特环境了。

加拉帕戈斯群岛上的雀在外形、大小和颜色上都很相似，很难分辨。但每一个种群的雀都进化出了一些特征，这些特征足以让它们成为独立的物种，也让我们可以根据它们的栖息地、喙的形状大小以及食物的种类把它们区别开来。

加拉帕戈斯群岛的啄木鸟雀（Geospiza pallida）会使用小棍子把树里面的昆虫拉出来吃，而加拉帕戈斯地雀（Geospiza difficilis）则被称为吸血鬼雀，因为它会用尖利的嘴来喝大型海鸟身上的血。

液体的浮力（向上推的力）会随着其密度的上升而增加。例如铁在水银里会漂浮起来，因为水银的密度更大。鸡蛋可以在盐水中漂浮也是因为盐水中的氯和钠离子让盐水的密度比淡水和鸡蛋的密度更大。

实验 4

生物学家 | 约翰·斯诺
John Snow

——生于1813年

被污染的水

约翰·斯诺很讨厌不干净的水，但他却因"污水"而出名。他出生于1813年，是家里九个孩子中最大的一个。他在英格兰的一条被生活污水污染了的河边长大，这条河每年还会定期泛滥。对污水的厌恶让他在成年之后，只喝经过蒸馏净化过的纯净水。

瘴气

1827年，年仅14岁的斯诺成了一个矿山小镇上的医师学徒，亲眼目睹了致命的疾病——霍乱引起的灾难。在那个时代，霍乱已经肆虐了几千年却没有任何治愈的方法。人们认为这种疾病是由一种被叫做"瘴气"（miasmic vapor）的"坏"空气引起的。尽管当时科学家已经通过放大镜观察到了一些微生物，但细菌和人类疾病之间的关系还没有被发现。

麻醉

后来斯诺进入医学院，学习成为一名外科医生。外科医生需要练习使用麻醉剂，也就是通过一些化学药品让病人在手术中麻木或者完全睡去。斯诺渐渐成了使用麻醉剂的专家，连维多利亚女王都在生她的两个孩子时雇用斯诺使用氯仿麻醉她。

瘟疫

1854年，霍乱袭击了伦敦西区，约翰·斯诺前去调查。通过和被感染地区的人们交谈，他发现了两件事，这让他相信这种疾病不是通过空气传播的——好几个与感染病人接触了一段时间的人都很健康，而一些从未接触过霍乱病人的人却发病了。那时，伦敦人的饮用水是从家附近的水井里打来的。斯诺制作了一张相关社区内水井分布的地图，把病人居住的地方用一个个点在地图上标记出来。这张现在变得非常著名的地图引导他得出了一个重要结论：这次霍乱的暴发是由一口叫"宽街泵"（BroadStreet Pump）的水井里被污染的水源导致的。

病原体理论

城市管理者去掉了这口水井的把手，这样就再也没人可以从这口井里取水了，这个地区的霍乱疫情也随之结束。这之后，斯诺医生建议大家都要注意公共卫生，通过勤洗手和喝煮沸过的水来预防霍乱，可几乎没人听从他的建议。斯诺在年仅45岁时就去世了，但他的发现为病原体理论建立了重要的基础——即空气和水中的微生物引发了传染病的流行。仅仅30年后，一位名叫罗伯特·科赫（Robert Koch，我们将在实验8中认识他）的科学家发现了导致霍乱的细菌，把它命名为"霍乱弧菌"（Vibrio cholerae）。

当今世界

今天，像约翰·斯诺医生这样的流行病学家比以往任何时候都更加重要。经济全球化使得传染病更容易迅速地传播，因此，为了预防传染病的大流行，查明传染病暴发的源头并迅速做出反应，至关重要。

实验 | 流行病学/寻找暴发源头

约翰·斯诺是一位著名的"疾病侦探"，他最广为人知的成就是追踪到了一场霍乱大流行的病源是被污染的井水。在本实验中，你将尝试自己判断流行病的发展情况并辨别出暴发的源头。

▶ **实验材料**

→ 半颗紫甘蓝（约70克）
→ 3～4杯水（约700～950毫升）
→ 小苏打
→ 白醋（可选）
→ 两个完全一样的容器（如喝水的水杯，每个容器至少可盛235毫升液体）
→ 有沿的烤盘
→ 25个小杯子或小碗（不需要完全一样）
→ 小勺或滴管

▶ **安全提示和注意事项**

→ 不要给装有水或小苏打的杯子做标记。这个实验的目的就是要正确分辨！

图8：往每个小杯子里滴几滴紫甘蓝汁。

▶ **实验步骤**

1 把半颗紫甘蓝（约70克）和3～4杯水（约700～950毫升）放入搅拌机里，打碎混合。滤除紫甘蓝的碎片，留下紫甘蓝汁。（图1）

2 取两个小杯子，分别加入一些紫甘蓝汁（约5～10毫升）。然后在其中一个小杯子里加入小苏打（5克）并充分地搅拌；在另一个小杯子里加入白醋直到紫甘蓝汁变成亮粉色。紫甘蓝汁是一种酸碱指示剂，这让它在遇到碱性液体的时候会变成蓝色或绿色，遇到酸性液体时会变成粉色。（图2）

3 为了更有趣，你可以将这两个小杯子放在有沿的烤盘里，把粉色的液体倒进蓝色的液体里，做一个可以产生二氧化碳的化学实验，观察会发生什么。（图3，图4）

4 在两个相同容器中挑选一个，往里加入水（约235毫升），再加入小苏打（15克）。充分地搅拌直到固体全部溶解在水中。这一杯溶液代表被致病微生物污染的井水。（图5）

5 在另一个容器里也加入水（约235毫升）。这个杯子里的水代表干净的井水。

6 把25个小杯子或小碗散放在桌子上，它们就像在一片社区里的诸多住户。

7 让一个不扮演侦探的伙伴把这两口"水井"放在社区的两头，并且不能让"疾病侦探"知道哪个"水井"是被污染的。（图6）

8 用一个小勺或滴管为这些杯子"住户"从临近的"水井"里取一些水。还可以选一到两个"住户"，为它们从较远的"水井"里取水。（图7）

9 接着，往每个杯子"住户"里加几勺紫甘蓝汁，用以判断哪些"住户"得了"病"。（图8）

图1：制作紫甘蓝汁，把固体过滤出来。

图2：往一个小杯子的紫甘蓝汁里加入小苏打，另一个小杯子里则加入白醋。观察颜色的变化。

图3：把粉色的溶液倒进蓝色的溶液里。

图4：这个化学反应会产生二氧化碳。

图5：在一杯水（约235毫升）中加入小苏打（15克），充分地搅拌，直到所有的固体都溶解在水里。

图6：让别人把两口"水井"分别放在这个"社区"的两头。

图7：用小勺或滴管从临近的"水井"里取一些水，加入"社区"里的每个杯子"住户"里。

10 仔细观察小杯子里颜色的变化。从被污染的"水井"里取的水会让紫甘蓝汁变蓝，而从安全的"水井"里取的水则不会让紫甘蓝汁的颜色有太大变化。

11 最后，尝试解决这个谜团：哪口"水井"被污染了？（图9）

图9：哪一口"水井"被小苏打污染了？

✴ 奇思妙想

　　假设你正在努力寻找"零号病人"，也就是在一场传染病暴发中第一个染病的人。拿出15个小杯子，代表15个人。把这些杯子以5个为一组分为3组，摆在桌子上，在每个杯子里加水（约45毫升）。让一个不扮演侦探的伙伴秘密地把其中一个杯子里的水换成白醋（约45毫升），不能让你知道是哪一杯。白醋代表会让人生病的微生物。

　　现在，请你用滴管把每组内和不同组之间的水进行混合，模仿人和人之间的接触。为了检测出"疾病"，往每个杯子里加入几勺紫甘蓝汁。你能找出"零号病人"在哪一组里吗？（图10～12）

图10：先用白醋"污染"一个杯子（用等量白醋替换水），将其放回桌面，然后把各个杯子里的水混合起来。

图11：通过往杯子里加紫甘蓝汁来检测每组中被"感染"的"病人"是哪些。

图12：你可以追踪到"零号病人"或者"零号病人"所在的小组吗？

💡 科学揭秘

　　世界上其实充满了微生物，包括病毒、细菌和真菌等。大多数的微生物对人类都无害，甚至是有益处的。但也有些微生物会让人生病，这些微生物被称为"病原体"。

　　可以从一个人传播给其他人的疾病叫作"传染性疾病"（contagious或communicable diseases）。很多病原体，例如引起霍乱的细菌，都可以从病人身上扩散到我们周围的环境中，再从环境中传到其他人身上。它们可以在水里、土壤里、空气里和一些物体的表面（如门把手）存活。很多病原体还可以在一些动物体内生存，所以有时追踪一起传染病暴发的源头是极具挑战性的。像约翰·斯诺一样研究传染病暴发的科学家被称为"流行病学家"（epidemiologists）。除了追踪第一个得病的病人之外，他们还会监测疾病的传播情况，寻找病原体的天然生存环境，分析传染病的传播数据以防止类似的暴发再度发生。

≡ 实验 5 ≡

Gregor Mendel
生物学家 Ⅰ 格雷戈尔·孟德尔
——生于1822年

农场上的孩子

1822年，格雷戈尔·孟德尔出生于奥地利的一个农场（现属捷克）。上学后，一位老师发现他特别喜爱学习，于是孟德尔的家人为了让他能够在附近的城市里上中学，特别努力地工作赚钱。尽管偶尔会被抑郁症折磨，但孟德尔在物理和数学方面仍然十分出色。1843年，孟德尔在奥尔姆茨大学完成了学业。

修道士

孟德尔的父母期待他能回到家里接管整个农场，但他却另有打算。在修道院学校接受教育后，他进入奥古斯丁修道院，于1851年被派往维也纳大学学习科学。在那里，孟德尔的植物学教授教会了他如何使用显微镜。

孟德尔的菜园

在捷克共和国的一个修道院里，孟德尔开始研究豌豆这种植物。他对生物是如何把那些可见的特征（也被称作"性状"）从父母传给后代的这个问题非常感兴趣。豌豆正是研究这个问题的理想对象，因为它们生长得非常快，而且可以通过两棵豌豆杂交来产生子代豌豆。剥开一棵豌豆的花朵，再撒上另一棵豌豆的花粉，就可以得到异花授粉的豌豆后代[1]。把这些豌豆种子种下去，就可以研究豌豆后代的特征了。

一个发现

孟德尔对豌豆的研究结果揭示了一个事实：豌豆身上的某些性状比另外一些更占优势，或者说更"显性"。例如，在开白花的豌豆和开紫花的豌豆杂交得到的后代中，大多数都会开紫花，于是他将紫色花称为"显性性状"，将白色花称为"隐性性状"。这些性状会从父母一代传递到后代身上，而且像花朵颜色这样的性状，与其他性状——如豌豆种皮是光滑的还是有褶皱的，都是各自独立传递的[2]。

遗传学奠基人

生物的性状从一代传递到下一代的现象被叫作"遗传"。基于对三万多株豌豆进行研究的结果，孟德尔发表了"遗传定律"。不过直到1884年孟德尔去世后，科学家才认识到他的工作的重要性。那些他一直研究的、决定了所有生物性状的看不见的因素，今天被叫作"基因"。而他的实验也为今天整个遗传学领域的研究奠定了基础。

当今世界

今天，科学家们对基因的了解已经深入很多，但仍有许多问题等待进一步研究。我们可以对组成基因的DNA（脱氧核糖核酸）[3]进行测序，使得研究者能够有足够的信息创造出药物、疫苗和治疗方案以对抗一些疾病。对植物的遗传学研究成果则被用于解决这个世界的粮食问题——产生能抗干旱和虫害的农作物。

---

[1] 大多数花朵的雌蕊都是露在外面的，当风或昆虫传播花粉时，很难分辨到底是哪株植物的花粉让某一朵花产生了种子。但豌豆是严格的"自花授粉"植物，自然状态下它的花朵一直关闭着，只有自己的花粉会落到这株植物的雌蕊上。这就让科学家有机会人工打开花朵，把想要研究的另一株豌豆的花粉撒到这株豌豆的雌蕊上，从而产生出异花授粉的种子。而且科学家清楚地知道这些种子的"爸爸"和"妈妈"是谁，这对研究性状是如何在父母和后代中遗传的课题至关重要。（译者注）
[2] 这里的"独立"是指在两代豌豆间一种性状的传递对另外一种性状的传递没有任何影响。（译者注）
[3] 一种生物大分子，可组成遗传指令，引导生物发育与生命机能运作。（编者注）

实验 | 遗传/授粉

格雷戈尔·孟德尔最著名的研究就是通过种植豌豆揭示了生物的特征（或者称作"性状"）是如何一代一代传递下去的。我们也可以种植自己的豌豆，通过解剖它的花来了解孟德尔是如何进行人工异花授粉进而完成这个著名实验的。

▶ **实验材料**

→ 营养土或一般的泥土
→ 豌豆种子（两种或更多种不同的豌豆）
→ 花盆或种植盒
→ 供豌豆攀爬的支撑物（例如小棍子、鸡笼网或其他架子）
→ 小毛笔
→ 镊子
→ 放大镜

▶ **安全提示和注意事项**

→ 仔细按照豌豆种子的种植说明来操作，这会让豌豆生长得最好。

图3：把花朵摘下来。

▶ **实验步骤**

1 仔细观察豌豆种子。（图1）你注意到了什么特征或性状？种子的种皮是光滑的还是有褶皱的？种子的个头是大的还是小的？

2 把种子种在花园或花盆里，放好小棍子或架子以供藤蔓攀爬。观察这些豌豆生长的高度差异。（图2）

3 当豌豆开花之后，摘下来几朵。（图3）

4 用放大镜仔细观察这些花朵。你都看到了什么颜色？（图4）

5 小心地打开花朵里闭合着的部分，先找一下柱头①，它看起来像花朵里面的一小段茎。再找一找花药②，它看起来是小小的被花粉覆盖的珠子。

6 用镊子把一朵豌豆花里的花药都取出来。（图5）

7 打开另外一朵花，用小毛笔轻轻地从这朵花的花药上沾一些花粉。

（图6）

8 要完成异花授粉，就要把小毛笔上的花粉，涂在第一朵被打开的花的柱头上。这朵花自己的花药部分已经提前被去掉了。（图7）

9 当你学会了"异花授粉"的方法后，尝试一下，在不把花摘下来的情况下，为两种不同的豌豆的花进行异花授粉。等这些花结出豌豆后，把豌豆收集起来，观察它们与原来的豌豆有什么不同。③

---

① 柱头是植物花朵中雌蕊的顶端部分，当这部分接触到花粉时，这朵花就受精了，随后才会发育出种子。（译者注）
② 花药是植物花朵中雄蕊顶端产生花粉的部分。（译者注）
③ 要注意做好记录和标记，哪两株豌豆的哪些花朵进行了异花授粉，以便更好地追踪结果。（译者注）

图1：观察豌豆种子。

图2：把豌豆种进土里。

图4：研究豌豆的花。

图5：用镊子把花药取出来。

图6：用小毛笔从花药上沾一些花粉。

图7：把毛笔上的花粉涂到另一朵花的柱头上。

图8：摘一些其他品种的花，找找它们的柱头和花药，是什么样子的？

 科学揭秘

多亏了生物学规律和被称为"遗传"的现象，孩子们才会长得像其父母。事实上，大多数的植物、动物甚至细菌的后代都会显示出与它们"父母"的相似之处，豌豆当然也不例外。

豌豆身上可以遗传的性状是多种多样的，从植物的高度、花朵的颜色到豆子的样子都有差异。有些豆子的皮是光滑的，有些则是皱巴巴的。孟德尔注意到，当把两种豌豆，例如一种高的豌豆和一种矮的豌豆进行异花授粉之后，他并没有得到中等高度的豌豆后代。相反，他得到的全是高的豌豆，这些后代被称为"杂合体"。当他把这些杂合体豌豆再次异花授粉后，得到的后代中四分之三是高的，四分之一是矮的。

为了研究清楚豌豆到底是如何把这些特征传递给后代的，孟德尔一次又一次地进行这样的异花授粉实验，直到他发现了遗传现象的基本规则。这些规则为现代的遗传学研究奠定了最初的基础。

≡ 实验 6 ≡

Louis Pasteur

生物学家 | 路易·巴斯德

——生于1822年

科学家和艺术家

路易·巴斯德生于1822年。他在一个风景如画的法国小镇多尔长大，这个小镇坐落在一大片森林旁的石灰岩壁上，俯瞰着杜布斯河。他的父亲是一位与皮革打交道的制革工人，一家人住在河流附近的房子里。小时候，巴斯德钟情于唱歌、绘画。虽然算不上品学优异的学生，他还是发现了自己对科学的热情，并取得了化学和物理学学位。之后他成了一名教授，娶了玛丽·劳伦特（Marie Laurent）为妻。不幸的是，他们的五个孩子中有三个死于伤寒。

镜像和巴氏杀菌

当路易·巴斯德研究葡萄汁变成葡萄酒时形成的酸性晶体时，他发现了两种晶体，它们是彼此的镜像。通过在显微镜下把这些晶体分为两堆再用强光照射的方法，他证明了虽然这两种晶体看似一模一样，但有着很不一样的特性。

路易·巴斯德进行的其他实验还表明，将葡萄酒、啤酒和牛奶等液体加热到一定温度，就可以杀死其中对人有害和无帮助的细菌及真菌。这一方法后来被称为"巴氏消毒法"，它让饮料更安全，也让饮料的保存期变得更长、味道更好。

自然发生说

路易·巴斯德在微生物学领域也做出了非凡的贡献。他使用细长的曲颈瓶捕捉到了空气中的微生物，并以此推翻了流行已久的"自然发生说"。这种学说曾宣称生物大多是由非生物产生出来的。[①]与同时代的罗伯特·科赫（Robert Koch，参见实验8）一起，巴斯德提出了疾病的"细菌理论"，即微生物（如细菌）可以引发人类和动物的疾病。

疫苗接种

"天花接种"是一种使人对天花病毒产生免疫力的古老方法，具体做法是用一根沾过天花痂的线穿过割开的伤口。这个方法虽然有效，但常常是致命的。1790年左右，爱德华·詹纳（Edward Jenner）改进了这个技术，用牛痘（痘苗病毒）的结痂代替天花结痂来让人们对严重的天花免疫，使这个技术更为安全。

在研究鸡的霍乱病情时，巴斯德不小心用死细菌感染了他的鸡。当他意识到自己的错误时，又用健康的细菌重新感染这些鸡，最后发现它们竟然没有染上霍乱。巴斯德意识到他创造了一种新的疾病预防方法，他称之为"疫苗接种"。1885年，他给一个被疯狗咬伤的男孩注射了从患狂犬病的兔子身上提取并经过干燥的组织，救了男孩的命，也因此研制出了狂犬疫苗。此后，巴斯德继续致力于开发攻克其他疾病的疫苗。

当今世界

今天，世界各地的人们仍然每天都在使用疫苗来预防一些致命的疾病。

---

① "自然发生说"认为不干净的衣服会产生跳蚤，脏水会产生蚊虫等，这些虫子都是从它们所在的物质元素中自然产生的，没有"父母"或上一代。（译者注）

实验 | 自然发生说/巴氏消毒法

为了推翻当时盛行的"自然发生说"，路易·巴斯德使用了一件特别的实验器材——曲颈瓶。在本实验中，你将自己动手做一个简易版的曲颈瓶，用它重复巴斯德当年的原创实验——从空气中培养微生物。

▶ **实验材料**

→ 两个有金属螺旋盖的玻璃瓶，盖子的中间部分要被去掉
→ 透明保鲜膜
→ 剪刀
→ 一盒没开封的透明苹果汁
→ 干净的竹签或钉子
→ 干净的吸管
→ 透明胶带

▶ **安全提示和注意事项**

→ 果汁必须是透明且经过巴氏消毒的，这样一旦有微生物在里面生长，我们很快就可以观察到。

图5：用胶带和保鲜膜将瓶盖上吸管扎入保鲜膜的部位包裹起来，修剪掉多余的保鲜膜。

▶ **实验步骤**

1 在做实验之前，把两个瓶子和盖子都放进洗碗机里仔细清洗消毒；也可以手洗，注意要用热水并加洗洁精，最后用更热的水把它们冲干净。在使用前一定记得把瓶子和盖子都倒扣着晾干。

2 剪两块正方形保鲜膜（尺寸为15厘米×15厘米），确保它们可以很方便地把整个瓶口完全盖住。

3 打开苹果汁，将其迅速倒入一个瓶子里，直至距离瓶口约5厘米的位置。注意不要冲着果汁呼气。（图1）

4 立刻用第2步中的保鲜膜把瓶口完全盖住，再用金属盖子拧紧。

5 对另一个瓶子重复上面的操作。

6 用一根干净的竹签或钉子，小心地在保鲜膜中间穿一个洞，试着把两根吸管分别插入两个瓶子里。注意，千万别把保鲜膜扯坏。（图2，图3）

7 把一根吸管的顶端掰弯，让弯的那段向下倾斜45度，如果需要的话可以用胶带将角度固定。另一根吸管则保持笔直。（图4）

8 用透明胶带和保鲜膜将每个瓶盖上吸管插入保鲜膜的部位松松地包裹起来，剪掉多余的保鲜膜。（图5）

9 试着做个假设（猜一猜）：哪个瓶子里会先产生微生物？

10 将两个瓶子在室温条件下放置一到两个星期，仔细观察发生了什么。对插着弯吸管的瓶子来说，微生物被挡在了瓶子外面，而插着直吸管的瓶子里则会有微生物从吸管里落下来。（图6）

图1：将苹果汁倒入洗干净的瓶子里。

图2：用竹签或钉子在瓶盖中间穿一个洞。

图3：在每个瓶子里插入一根吸管。

图4：把一根吸管的顶端向下弯折，用胶带加以固定。

图6：比较一下两个瓶子里微生物的生长情况。

 科学揭秘

瓶装的苹果汁都是经过巴氏消毒法（高温加热）处理过的，这个过程中会杀死所有微生物。在我们做的这个实验中，洗涤液和热蒸汽把瓶子里大部分的微生物都去除了，塑料保鲜膜则使得外面的空气不会进入瓶内。

插着直吸管的瓶子里，会有空气里的细菌和真菌从吸管里掉下来，其中有一部分就会开始生长。而插着弯曲吸管的瓶子，因为吸管的开口是向下的，虽然空气还是可能会流通，但大部分的微生物都会被隔离在外面。因此，飘浮在空气中的酵母和细菌有可能会进入插着直吸管的瓶子里，随着这些微生物的生长，这瓶果汁会迅速变得浑浊和腐败掉。

在那个人们仍然坚信"自然发生说"并认为生命可以从无生命的物质中产生的时代，巴斯德用一个类似的实验证明了看不见的微生物在我们周围到处都存在，包括空气里。正是这些微生物，而不是什么"自然发生"过程，导致了食物和液体的腐坏。

奇思妙想

这个实验可能启发巴斯德产生了"巴氏消毒法"的灵感，也就是通过高温加热把牛奶、果汁等液体里的有害的微生物（也称作病原体）杀死。

不过有些细菌对我们是有益的，我们希望它们在食物中存在，例如酸奶里的嗜酸乳酸菌（lactobacillus acidophilus）。尝试自己做一次酸奶吧！

生物学家 丨 卡洛斯·胡安·芬莱

Carlos Juan Finlay

——生于1833年

环游世界

卡洛斯·胡安原名胡安·卡洛斯·芬莱·德巴尔斯（Juan Carlos Finlay y de Barrs），1833年生于古巴。他曾在法国和英国求学，却两次不得不因病中断学业，被迫回家。最后，他去了美国，在那里学习医学，并从宾夕法尼亚州的杰斐逊医学院毕业。

黄热病

回到古巴后，卡洛斯成了一名眼科医生，他结了婚，开始研究一种名为"黄热病"的可怕疾病。除了名字里就提到的发烧症状之外，这种疾病还会引起可怕的肌肉疼痛，并会侵袭肝脏，导致受害者的皮肤呈现淡黄色。卡洛斯认为，如果能发现疾病是如何传播的，就可以挽救许多人的生命。

载体

卡洛斯很快发现疾病是由蚊子传播的。它们充当了黄热病的"媒介"或"载体"，使疾病在人与人之间传播。他甚至发现了哪种蚊子会携带这种疾病，并提出只要控制住蚊子就可以阻止黄热病的传播，但并不是所有人都相信他。

更多证据

1900年，美国陆军医生沃尔特·里德（Walter Reed）访问古巴，卡洛斯向他讲述了他的载体理论：正是埃及伊蚊携带了黄热病。[1]于是沃尔特·里德主持了一组危险的、不道德的实验，让携带疾病的蚊子叮咬人类志愿者。结果这些志愿者们果然都得了黄热病，这就证明了卡洛斯的理论是正确的。

里程碑

人们开始喷杀蚊子，黄热病就此从古巴以及美国正要建造运河的巴拿马地区消失了。对蚊子的防控不仅解决了黄热病问题，还顺便让另一种叫作"疟疾"的疾病得到了控制，因为疟疾也是通过蚊子传播的。

错失诺贝尔奖

尽管沃尔特·里德将发现黄热病载体的功劳归于卡洛斯·芬利，但历史却将战胜疟疾的荣誉给了里德。1915年卡洛斯·芬莱去世，古巴政府为纪念他，成立了芬莱热带医学研究所。卡洛斯·芬莱曾七次获得诺贝尔医学奖提名，但遗憾的是他从未获得这一珍贵的奖章。

当今世界

我们已经知道蚊子会携带多种致病的微生物，但它们也是食物链中很关键的一环，因此不能把这些蚊子全部杀死。科学家们仍在努力研究如何在不伤害人类和其他动物的情况下，合理地控制这些携带疾病的蚊子的数量。

---

① 蚊子有伊蚊、库蚊、按蚊三种类（属），其中库蚊是室内最常见的蚊子。研究表明传播黄热病的主要是埃及伊蚊（其学名曾为*Culex fasciatus*，后改为*Aedes aegypti*）。（编者注）

实验 | 生物载体/蚊子

卡洛斯·芬莱从研究中发现黄热病是通过蚊子在人与人之间传播的。在本实验中，你将使用水和咖啡粉来观察蚊子是怎样把病原体从一个人传播到另一个人的。

▶ 实验材料
- → 若干个透明的玻璃瓶或玻璃杯
- → 油性记号笔
- → 纸胶带（可选）
- → 水
- → 红色的食用色素
- → 咖啡粉
- → 大号注射器或滴管

▶ 安全提示和注意事项
- → 咖啡粉需要磨得足够细，以便能通过注射器或滴管的头。

图6：这个实验让我们观察到蚊子是怎样把病原体从一个人传播到另一个人的。

▶ 实验步骤

1 如果可以，使用油性记号笔在瓶身上画上人脸的图案来代表人。（图1）

2 往每个瓶子里倒满水，再滴进一两滴红色的食用色素，让水看起来更像血液。（图2）

3 在一个瓶子里加入一满勺咖啡粉。咖啡粉代表会引起感染的微生物，例如引起黄热病的黄热病毒。现在，这个瓶子代表一个感染了黄热病的病人。（图3）

4 移动瓶子，将它们碰撞在一起，观察发生了什么。就像杯子里的咖啡粉一样，引起黄热病的黄热病毒在没有帮助的情况下是无法在人与人之间传播的，必须要有蚊子才可以。

5 用注射器或滴管代表蚊子，也就是黄热病毒的"载体"。可以用记号笔在注射器上画一些代表蚊子的符号，例如翅膀、眼睛和六条腿。

6 用注射器或滴管从被"感染"的瓶子里吸上来一些"血液"和咖啡粉。把这部分被咖啡粉污染了的液体注射到另一个瓶子里。这一步代表了蚊子是如何把病毒、细菌或寄生虫从一个宿主（可能是人或动物）传播到另一个宿主的。（图4）

7 从你刚刚"感染"的瓶子里再取一些"血液"，把这种"疾病"继续再传给更多的"宿主"，直到所有的瓶子都被黄热病（咖啡粉）"感染"为止。（图5，图6）

图1：在瓶身上画人脸，或者先贴上纸胶带再把人脸画在上面。

图2：加入红色的食用色素并搅拌。

图3：在其中一个瓶子里加入咖啡粉。

图4：用代表蚊子的注射器从被"感染"的有咖啡粉的瓶子里吸一些"血液"上来。

图5：用代表蚊子的注射器把其他的瓶子也"感染"上咖啡粉。

✷ 奇思妙想

查询通过蚊子传播的其他疾病，研究一下这些不同的微生物是怎样在哺乳动物体内存活和繁衍的。

科学揭秘

生物载体（Biological vectors）是指一种活的生物，比如蚊子，它们可以通过唾液在动物和人之间以及人与人之间传播疾病。引起黄热病的黄热病病毒是在南美洲和非洲的热带及亚热带地区被发现的，它就是通过埃及伊蚊传给人类的。这种蚊子腿上有标志性的白色斑点，它还是好几种其他传染病的载体，如登革热、基孔肯雅热和寨卡热。黄热病患者会发烧、部分或全身疼痛，病毒还会攻击肝脏，导致黄热症状，让人的皮肤看起来发黄。如今，打上一剂黄热病疫苗就可以预防病毒感染。这种疫苗包含一种活的、毒性被削弱的病毒，这种病毒能激发免疫系统抵抗入侵的黄热病毒，但不会真正引起疾病，它在防止黄热病在人与人之间进行传播方面发挥了重要作用。

实验 8

Robert Koch

生物学家 ｜ 罗伯特·科赫

——生于1843年

白银之山

罗伯特·科赫于1843年12月11日出生于德国的崇山峻岭之中。他的父亲是克劳斯塔尔镇的一名工程师。从中世纪起，这里就开始了白银和其他贵重金属的开采。罗伯特5岁的时候，就已经能通过阅读报纸进行自学。在学校里，他在物理和数学方面都表现得很出色，但他特别喜欢生物学。

新观点

罗伯特19岁时，开始在医学院学习。他的解剖学教授雅各布·亨勒（Jacob Henle）向他介绍了一种革命性的观点，即疾病是由体积非常小、没有显微镜就看不见的生物体所引起的。在普法战争[1]期间服过兵役后，罗伯特就开始了那些将永远改变世界的研究工作。

炭疽病

当时，一种名为炭疽的疾病困扰着牲畜，如牛、绵羊和山羊等，而且人类也可能会感染并死于这种疾病。罗伯特·科赫在自己家里建立了一个实验室，并在受感染的动物身上发现了一种杆状细菌，他证明了就是这种细菌引起了可怕的炭疽病。通过用炭疽细菌感染小鼠，他还证明了感染炭疽病的动物血液因为携带了细菌，可以引起其他动物的感染。这是第一次有人把一种特定的微生物和一种特定的疾病联系起来。

培养皿

为了分离出只含有一种细菌的纯净菌群，罗伯特·科赫必须利用单个细胞培养出单独的"菌落"。为了培养菌落，他把微生物涂在土豆以及装满了一种名为明胶的果冻状物质的浅碟里。几经尝试后，他转而选择使用装有琼脂培养基的培养皿[2]。（参见实验10）

科赫法则

在那之后，科赫医生发表了一系列步骤和标准，称为"科赫法则"，这些法则可以被用来判断是哪种生物导致了某种疾病。科赫法则包括从患病的动物身上分离出一种微生物，再用这种微生物去感染另一个动物。如果能观察到同样的症状，就尝试从这个新感染的动物身上分离出同样的微生物来。使用这些步骤和标准，科赫发现和确认了两种能够引发非常凶险的人类疾病——肺结核和霍乱——的微生物。

诺贝尔奖

1906年，罗伯特·科赫被授予诺贝尔生理学或医学奖。他的工作为现代微生物学和传染病学奠定了基础。

当今世界

今天，科学家们对微生物学有了更多的了解。

利用现代技术，如DNA测序，我们可以更方便地识别致病微生物。

---

① 发生于1870年—1871年，是一场在普鲁士王国与法兰西第二帝国之间爆发的战争。（编者注）
② 培养皿（Petri Plate，也叫作Petri Dish）是一种浅而透明的有盖容器，是最常见的用来培养细菌、真菌等微生物的容器。它得名于它的发明者——德国细菌学家尤利乌斯·里夏德·彼得里（Julius Richard Petri）。（译者注）

实验 | 科赫法则/微生物指纹

罗伯特·科赫创造了一套可以判断哪种微生物引发了某种疾病的规则，被称为科赫法则。每种细菌都有一些特定的特征，就像指纹一样，可以让我们识别出它的种类。在本实验中，你将扮演一个小侦探，通过比较不同人的指纹来感受特定的特征是怎样帮助科学家分辨出引发疾病的病原体的。

▶ 实验材料

→ 纸张
→ 铅笔
→ 透明胶带
→ 放大镜
→ 伙伴或家庭成员
→ 红色的钢笔或铅笔

▶ 实验步骤

1 在一张纸上描出你的一只手的轮廓。（图1）

2 用铅笔在另一张纸上涂黑一小块面积，让铅笔芯的石墨完全覆盖这一小块区域。（图2）

3 用刚才描过的那只手上的一根手指尖在这小块黑石墨上摩擦一会儿，直到指尖的皮肤变成灰色。

4 剪一段透明胶条沾在这个指尖上，再掀起来就得到了这根手指的指纹。（图3）

5 拿出第一步中描好的手的轮廓，把这段胶条粘在对应的手指上。（图4）

6 对每一个手指重复这一步骤，包括你的大拇指。

图6：让一个家人或伙伴分辨你的哪个指纹被粘在了"生病"的动物图案上。他/她可以通过比较你粘在纸上的所有指纹痕迹来完成辨识任务。

7 把这些指纹从1～5排序，做好标记。

8 现在纸上粘着的每一个指纹，都代表一种不同的致病微生物。和指纹一样，细菌也是各不相同的。罗伯特·科赫通过在显微镜下研究细菌的外观和其他化学测试来鉴定细菌。你也可以用放大镜观察你的指纹，以练习识别指纹中的图案和规律。（图5）

9 罗伯特·科赫也在动物身上寻找细菌的"指纹"。请在一张干净的纸上画一只老鼠或兔子。

10 让你的伙伴或家庭成员转过身去。选一个用来取指纹的指头。

11 用第4、5步中的方法把选定的手指指纹粘在老鼠或兔子图案上。我们假设这个指纹代表一种可以让老鼠或兔子生病的细菌。

12 把这个老鼠或兔子图案的眼睛涂成红色，代表它生病了。

13 要找出哪种"细菌"导致了老鼠或者兔子生病，需要请伙伴或家人用放大镜仔细观察，以确定哪根手指的指纹与老鼠图案上粘着的指纹是匹配的。（图6）

图1：在纸上描一只手的轮廓。

图2：把铅笔芯上的石墨涂在一小块纸上。

图3：用手指在石墨上摩擦，然后用透明胶带把你的指纹印下来。

图4：把胶带上的指纹粘在你描下来的对应手指上。

图5：练习通过观察图案规律来辨别不同的指纹。

☀ 奇思妙想

在琼脂培养皿里培养一些微生物（参见实验10），观察和描述它们外观上的特点，这将帮助你辨别它们的种类。

科学揭秘

能够引起疾病的微生物被称作"病原体"。它们可能是病毒、细菌、真菌或寄生虫。细菌是一种单细胞生物，它比病毒要大得多，可以用显微镜观察到。很多能感染人类的细菌都可以在琼脂培养基上生长并形成菌落（参见实验10），可以根据它们在不同种类的培养基上形成菌落的特点分辨出某些细菌的种类。

每一种病原体细菌都有自己的"指纹"特征，可以帮助我们进一步辨认它们的种类。通过给细菌染色，科学家把细菌分成了两大类——革兰氏阳性菌和革兰氏阴性菌，这两类细菌对染料的吸收情况不一样。革兰氏阳性菌包括能引起咽炎的链球菌，革兰氏阴性菌则包括很多我们的肠道菌群，比如大肠杆菌。

在革兰氏染色之后，通过进一步的检测可以看出细菌是如何消化不同的化合物的。DNA检测也可以用于分析细菌样本。一旦细菌种类被确定，医生就可以更有效地治疗病人。

实验 9

生物学家 | 伊利亚（埃利）·梅奇尼科夫

Ilya (Élie) Metchnikoff

——生于1845年

俄国的童年

伊利亚（埃利）·梅奇尼科夫于1845年春天出生在俄国[①]的一个小村庄伊万诺夫卡，是家中五个孩子里最小的一个。他的妈妈非常支持他对生物学的兴趣，高中毕业之后，他前往哈尔科夫大学继续求学，并在两年之内就拿到了学位。

比较解剖学

大学毕业之后，梅奇尼科夫到德国继续学习比较解剖学，研究不同种类的动物的身体结构。他花了很多时间在扁形虫和乌贼身上，以此来研究海洋生物学。

细胞内的消化过程

当梅奇尼科夫在研究无脊椎动物的时候，他发现了一个有意思的现象。无脊椎动物是一类身体内没有骨架的动物。像扁形虫、海星这样的无脊椎动物，它们身体里的一些特定细胞似乎可以直接吞食外来的小颗粒物体。他把这个过程叫做"细胞内消化。"

关于海星的科学

梅奇尼科夫通过研究海星幼虫，进一步了解到生物是如何抵抗感染的。当他向海星身体中扎入细小的刺时，特殊的细胞就会将这根刺包围起来。根据研究他提出，当诸如刺或微生物之类的异物进入动物体内时，特殊的细胞会包围并摧毁入侵的异物。

新的希望

梅奇尼科夫的第一任妻子死于肺结核，第二任妻子差点死于伤寒，这让他一度被抑郁症折磨。好在像路易·巴斯德（参见实验6）和罗伯特·科赫（参见实验8）这样的科学家和其他科学家一起，已经开始研究是哪些微生物引发了这些疾病。科学领域的进展，加上梅奇尼科夫自己令人激动的新发现，给了他新的希望。他用全新的热情继续科学工作，成了位于巴黎的巴斯德研究所的所长，在那里他开始研究生物的衰老过程。他是第一位提出某些在我们肠道中的微生物会影响我们的健康状况的科学家，并建议大家应该食用酸奶。关于梅奇尼科夫还有一件趣事：据报道，他总是戴同一顶帽子，但当他对某一件事感到兴奋时，就会突然坐在这顶帽子上。

当今世界

因为伊利亚·梅奇尼科夫在免疫学方面的重大成就，他和保罗·埃尔利希（Paul Ehrlich）一起获得了诺贝尔奖。今天的科学家们仍在研究细胞内消化，现在被称为"吞噬作用"，并且他们对肠道微生物如何影响我们的健康依旧非常感兴趣。

[①] 指俄罗斯帝国，常简称为沙俄、俄国，是存在于18世纪至20世纪的统一君主制国家。（编者注）

实验 | 吞噬作用

为了研究吞噬细胞到底是如何吞食和摧毁异物的，伊利亚·梅奇尼科夫曾花费了无数小时凝视着显微镜。在本实验中，你将用玉米淀粉、水和气球制作一个吞噬细胞的大型模型，亲自体验一下吞噬作用。

▶ 实验材料

→ 玉米淀粉（约128克）
→ 半杯水（约120毫升）
→ 一个大碗
→ 纸杯或其他有倾倒口的容器
→ 伙伴或家庭成员
→ 白色气球
→ 小珠子或其他体积比较小的物品

▶ 安全提示和注意事项

→ 如果对橡胶过敏，可以用一个厚塑料袋代替气球来做这个实验。

图2：你可以玩一玩这种非牛顿流体，感受一下它有什么特别之处。

▶ 实验步骤

1 将玉米淀粉与水混合，制成一种非牛顿流体——当它快速移动时会表现得像固体，而当它缓慢移动时则会表现得像液体。（图1，图2）

2 将这种混合物倒入纸杯或其他有倾倒口的容器里。

3 让一个伙伴或家庭成员帮忙把气球的口撑开，把玉米淀粉和水的混合物倒进气球里。（图3）

4 把气球的口扎紧，现在这个气球就代表一个白细胞。（图4）

5 把小珠子或其他的小东西撒在桌子表面上，代表身体里的外来异物。让你的白色气球向这些异物移动过去，选其中一个来吞噬。

6 把你选中的小物品放在"白细胞"气球的表面上，然后慢慢地把它往气球里按进去，直到它完全消失。这个过程演示的是我们体内的白细胞是如何把像微生物这样的外来异物吞食掉的。（图5～7）

✦ 奇思妙想

可以在网上搜索并观看关于白细胞（吞噬细胞）吞食和摧毁细菌的视频，这能帮你更好地了解吞噬作用。

图1：把玉米淀粉和水混合均匀。

图3：把玉米淀粉和水的混合物倒进气球里。

图4：这个装了混合物的气球就代表白细胞。

图5：把你挑选的小物品按进气球里。

图6：用气球包围并吞没这个小物品，体会白细胞是如何吞噬异物的。

图7：这个实验演示了"吞噬作用"的整个过程。

科学揭秘

吞噬作用（phagocytosis）这个词来自拉丁语"吃"（eat）和"细胞"（cell）。在吞噬作用中，被称为"吞噬细胞"的活细胞会吞食其他细胞或颗粒。白细胞只是吞噬细胞的一种。自由生活的生物如变形虫和海绵，就是靠吞噬作用来摄取食物的。

当巨噬细胞（macrophages）这样的白细胞遇到外来异物时，它们首先必须要把异物粘住。抗体（参见实验21）会帮助吞噬细胞识别像细菌这样的异物。吞噬细胞的

细胞膜（也就是细胞外层）会在异物周围移动，直到它被完全包围并进入一个被称为"吞噬体"（phagosome）的结构里。

接下来，白细胞会分泌有杀伤力的化学物质把细菌杀死或把外来异物分解掉。之后吞噬体会移动回细胞膜，和细胞膜再次融合在一起，这样就可以把死去的细菌或异物的碎片释放到细胞外面去。

实验 10

Fanny Hesse

生物学家丨范妮·黑塞

—— 生于1850年

"琳娜"

范妮·安吉丽娜·艾尔希米厄斯（Fanny Angelina Eilshemius）的朋友们都叫她"琳娜"（Lina）。1850年夏天，她出生在美国纽约的一个富裕的荷兰移民家庭，是家中十个孩子里最年长的。那个年代还没有可以预防儿童期疾病的疫苗，她有五个兄弟姐妹都在非常年幼的时候就去世了。在范妮长大的过程中，她从妈妈和家中的仆人那里学会了厨艺。15岁的时候她被送到瑞士的寄宿学校去学习法语和经济学。

伴侣

范妮和她的丈夫瓦尔特·黑塞（Walther Hesse）第一次见面时，瓦尔特正作为一艘德国客轮上的外科医生短暂访问纽约。后来他们再次碰面时，范妮的家人都在欧洲，这次他们订下了婚约。1874年她搬到德国与瓦尔特成婚，并在1884年首次接触到科学研究，因为瓦尔特开始在著名的微生物学家罗伯特·科赫（参见实验8）的实验室工作。

艺术家

出生于艺术世家的范妮，很快就证明了自己的天赋。她非常善于用色彩丰富的医学插图来记录瓦尔特研究的细菌。为了能精确地绘制他们在显微镜下看到的单个微生物以及肉眼可见的细菌团——科学家称为"菌落"，范妮必须开始学习微生物学。

实验室助手

除了养育和照顾三个儿子，范妮还是瓦尔特的实验室助手。她为他们研究的细菌准备了一种叫作"培养基"（culture media）的食物。当时，罗伯特·科赫、瓦尔特及其他微生物学家难以培养单独的细菌菌落，这严重限制了他们的研究。他们将营养物质与明胶混合，形成一个平坦的、有弹性的表面，菌落在上面一般可以生长良好，但在炎热的日子里，这种培养基就会融化。某些种类的细菌还会释放一种叫作"酶"（enzyme）的化学物质，这也会造成明胶液化。

琼脂

范妮年轻时就知道，如果把一种由红藻制成的称为"琼脂"的物质添加到果冻和布丁中，就可以防止它们融化。于是她想到了将琼脂添加到微生物培养基中的主意，并发现这样果然可以为细菌的生长创造一个持久、耐热和耐酶的环境。在她的发现之后，罗伯特·科赫开始在他的实验室中使用范妮的新琼脂培养基配方来培养细菌，这帮助他在微生物学方面继续取得了许多重大发现。不幸的是，科赫从未将范妮或瓦尔特·黑塞的贡献归功于他们，这对夫妇也没能从范妮的绝妙想法中获得任何收益。

当今世界

现在世界各地的实验室每天仍在使用琼脂培养基，从科学家的分子生物学研究到临床实验室里诊断链球菌性咽喉炎，方方面面都离不开它。

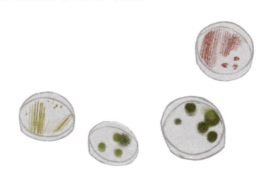

实验 | 琼脂培养基

范妮·黑塞想出了加入琼脂让微生物培养基固化的方法，今天的科学家们仍然在使用她的技术进行微生物实验。在本实验中，我们将自己制作琼脂培养基，再看一看我们的家庭或学校环境里都有哪些细菌和真菌。我们将擦拭一些物品的表面，观察在培养基上会生长出什么。

▶ 实验材料

→ 水
→ 若干带盖子的透明塑料容器（或培养皿）
→ 琼脂（你可以在网上和大部分超市的食品部找到它）
→ 牛肉汤浓缩块
→ 糖
→ 盘子或保鲜膜
→ 棉签

▶ 安全提示和注意事项

→ 本实验涉及加热和倾倒高温液体，请确保有成年人在旁协助和监督。
→ 使用琼脂培养基的时候，要尽量确保盖子一直盖着，避免空气中的微生物对其造成污染。
→ 在完成培养皿的操作、微生物开始生长后，立刻把手彻底清洗干净。

图3：等待琼脂固化。

▶ 实验步骤

1 将235毫升水、5克琼脂、1个牛肉汤浓缩块和9克糖彻底混合均匀。

2 在炉火上或微波炉里把第1步中的混合物加热，每隔1分钟搅拌一次，直到沸腾。一旦琼脂融化，就可以把混合物从火上拿下来，用盘子或者保鲜膜盖住，冷却约15分钟。

3 小心地把冷却后的琼脂液倒进多个干净的小容器里，倒至大约2～3厘米高。用容器的盖子或者保鲜膜松松地盖住，让琼脂完全冷却下来。当培养基变成固体之后，就可以使用了。也可以把这些培养基储存在冰箱里，多天后也可以使用。（图1，图2）

4 待琼脂凝固后，在每个容器上标记日期和你想要检测的物品表面的名称。你也可以把一个培养皿分割成四份，在每一份上标记不同的物品表面名称。作为对照实验，记得留出一个空的培养皿，不要打开它。（图3）

5 用一个干净的棉签在你想检测的物品表面上擦拭几下，然后打开有对应标记的培养皿，小心地、轻轻把棉签在琼脂培养基的表面上划几下。你可以检测有灰尘的物体表面、电子产品、门把手、手指尖，甚至打开一个培养皿后在其上方甩一甩你的头发。（图4～6）

图1：把琼脂液（培养基）倒进干净的容器里。

图2：倒好琼脂液后，立刻用盖子或保鲜膜松松地盖在容器上（留一点点缝隙散热）。

图4：用棉签蘸取各种物品表面上的微生物样品。

图5：可以检测各种物品的表面。

图6：小心地把微生物从棉签转移到培养基的表面。

科学揭秘

琼脂是一种从红藻中提取出来的凝胶剂。在固体的琼脂凝胶培养基上培育细菌能帮助科学家们更好地研究微生物，并让他们能够从单菌落里分离出纯种的细菌。琼脂培养基可以在较高的温度下仍然保持固态，也不会被某些细菌液化。

微生物生活在我们周围的各个角落，从厨房的桌子、沙漠、热泉，到人类的皮肤和肠道，到处都有它们的踪影。和动物园里的动物一样，每一种微生物都有它生长所需要的特定食物、湿度、温度和氧气。这也是为什么你的棉签上沾到的微生物里，只有一小部分细菌和真菌可以在琼脂上生长。科学家会使用不同的配方来制作培养基，这取决于他们要培养的微生物需要怎样的条件。

你在培养皿里看到的菌斑，每一个都是从一个单独的细菌细胞或单独的真菌孢子生长出来的。这一个细胞不断复制、繁殖，直到长成了百万个那么多，才可以被我们的肉眼看到一个小斑点，这就是菌落。菌落的大小、颜色、形状以及化学分析及基因分析，都是帮助科学家分辨微生物种类的关键信息。

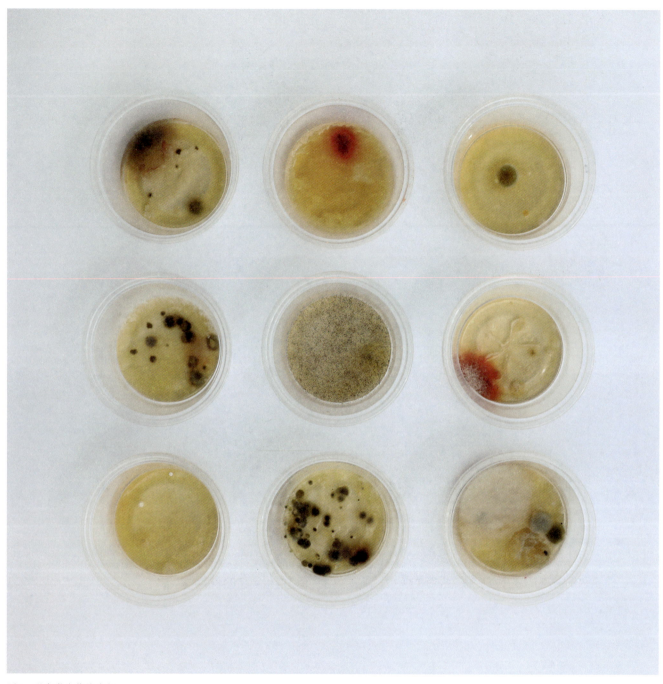

图7：观察微生物的生长。

6 完成样品的采集之后，把培养皿放置在水平表面上，将盖子盖在培养皿上，但注意不能密封住。把培养皿上下翻转过来放置，这样可以防止培养基变干。

7 几天后，观察这些琼脂培养基，看看有没有什么东西开始长出来了。小小的、透明的或白色的斑点可能是细菌的菌落，更大的毛茸茸的斑点一般会是真菌。（图7）

8 记录下培养皿上的微生物菌落的形状、大小和颜色。（图8）

图8：你发现了几种不同的微生物？

☀ 奇思妙想

　　用一根干净的牙签小心地从你的培养皿里挑起一个细菌菌落，然后轻轻地在一块新的培养基上，用Z字型划线的方法把这个菌落涂上去。记得在操作结束后仔细洗手。让细菌生长几天，看看在你划的线上新生长出来的细菌和你最初挑出来的细菌菌落的颜色相同吗？以上做法非常类似于罗伯特·科赫（参见实验8）这样的科学家经常使用的一种实验技术，这种技术让他们能够准确地分离出纯种的细菌培养物。

Santiago Ramón y Cajal
生物学家 | 圣地亚哥·拉蒙·卡哈尔

——生于1852年

老骨头

圣地亚哥·拉蒙·卡哈尔11岁时就出名了，因为他用自制大炮摧毁了邻居家的花园大门，并因此被关进了监狱几天。1852年生于西班牙北部的他，是个天生的狂热艺术家和体操运动员，他很不喜欢被别人指挥着做什么事。叛逆的性格让他被不止一个学校开除，后来他还做过鞋匠和理发师学徒，但都做不下去。他的父亲，一位解剖学教授把他带到墓地，试图说服他的儿子攻读医学学位。这个计划成功了。卡哈尔着迷于绘制他们发现的骨头，于是进入大学开始学习医学专业。

传染性疾病

大学毕业后，卡哈尔成为西班牙军队的一名医务人员并前往古巴，在那里他感染了蚊媒疾病——疟疾和肺结核。康复后，他回到西班牙，在那里读完研究生，结了婚并育有12个孩子。他早期的大部分科学研究时间都花在显微镜观察上，重点是对细胞结构、炎症和导致霍乱的霍乱弧菌的研究。

医学插图

1887年，卡哈尔和他的家人搬到了巴塞罗那，在那里他学会了用特殊染料对组织样本进行染色，这种染料可以使某些细胞及其结构在显微镜下更容易被看到。他改进了染色方法并使用它给大脑和神经细胞染色，同时，利用年轻时候的艺术天赋，他还完成了这些样本的医学插图绘制工作。

生长锥和树突

卡哈尔的插图拓展了人们对神经细胞以及它们形成的可以进行信号交流的神经网络的科学认知。他证明了神经系统是由单个被称为"神经元"（neurons）的细胞单位组成的。他还描述了神经细胞上的生长锥，发现了手指状树突结构，并正确地推测出神经细胞是从一端接收信息并通过轴突将它们发送到另一端。①他还发现并描述了一种新型神经细胞，它最终被命名为"卡哈尔间质细胞"（interstitial cell of Cajal）。

诺贝尔奖

1906年，圣地亚哥·拉蒙·卡哈尔和意大利科学家卡米洛·高尔基（Camillo Golgi）因他们在神经系统结构上的重大贡献而共同获得了诺贝尔生理学或医学奖。

当今世界

神经生物学（Neurology）是对神经和大脑的研究，至今仍是一个非常重要和活跃的研究领域。科学家们在持续地探索相关疾病的治疗方法，并试图进一步理解我们人类的神经系统是如何运转的。

---

① 神经细胞上有很多突起，它们是神经细胞的延伸部分，由于形态结构和功能的不同，可分为树突（dendrite）和轴突（axon）；树突是从胞体发出的一至多个突起，像刺一样呈放射状。轴突是细长的结构，每个神经元只有一根。（译者注）

实验 ┃ 神经元/神经网络

圣地亚哥·拉蒙·卡哈尔正确地推测出了神经细胞能接收信息并通过轴突从细胞的一端向另一端发送信号。在本实验中，我们将制作一套自己的彩色神经元，再研究一下神经信号是怎么通过树突传导，让神经细胞之间可以互相交流的。

▶ **实验材料**

→ 若干扭扭棒
→ 串珠
→ 剪刀
→ 水彩笔和纸（可选）

▶ **实验步骤**

1 取几根扭扭棒，把它们剪成5～10厘米长的小段，这些将成为神经元的树突。（图1，图2）再把一根完整的扭扭棒以十字交叉的方式放在另一根扭扭棒上，让交叉点距离扭扭棒的一头约5厘米。（图3）

2 将这个十字交叉结构中短的一头弯下来，绕着另一根扭扭棒转一圈，形成一个T字形。这个T字形向下垂直的部分代表神经元的轴突。（图4）

图7：将珠子穿到神经元的轴突部分，以此表示电信号。

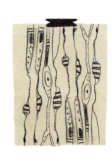

图1：准备好实验需要的扭扭棒、串珠和剪刀。

图2：剪出一些5～10厘米长的扭扭棒小段。

图3：将两根完整的扭扭棒以十字交叉的方式放在一起。

图4：把短的一头弯下来并在长的一根上绕一圈，形成一个T字形。

图5：把短的扭扭棒缠在T字形的横杠上。

图6：把T字上部的一横团成一个球形，代表神经元的细胞体部分。

3 把一些剪短的扭扭棒绕在T字形的一横上，形成一些分权，代表树突。（图5）

4 把T字上部的一横团成一个球形，让"树突"的分叉直立出来。这个球就代表神经元的细胞体部分。（图6）

5 在细胞体的"树突"上，再缠上一些短的扭扭棒。

6 在剩下的长长的"轴突"部分串上一颗串珠，再把轴突的底端团成一个小球或用另一根短的扭扭棒绕上去绕成一个小球，不让串珠掉下来即可。神经元的这一端代表突触的终端。（图7）

7 这颗串珠代表一个电信号。把珠子先放在距离细胞体和树突近的一端，再把它沿着轴突滑到突触终端，你就可以看到信号是如何从神经细胞的一端传递到另一端的。（图8）

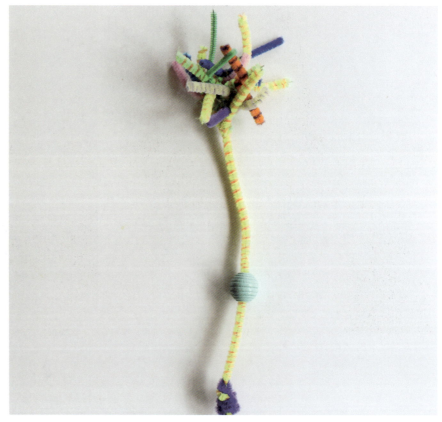

图8：把串珠从树突的一端滑到突触的一端，看看神经信号是如何传递的。

☀ 奇思妙想

制作几个神经细胞，将它们排列起来，使轴突末端靠近树突，这样就可以创建一个神经网络，展示信号是如何在细胞之间传递的。（图9）

试着搜索一些使用高尔基法（银浸法）染色的神经细胞的显微图像，并尝试自己画一画。你也可以通过查找圣地亚哥·拉蒙·卡哈尔的艺术作品来获取灵感。

图9：多做几个神经细胞以形成一个神经网络，用它们来模拟一下神经细胞之间是如何传递信号的。

科学揭秘

多亏了由神经细胞（也就是"神经元"）组成的神经网络，你可以在碰到热的东西的时候立即把手移开。这些细胞把你手指尖接收到的信息通过电信号和化学信号的形式瞬间传送到你的大脑。神经元可以非常小也可以非常长。长颈鹿的神经元长达约5米，但它们很细，必须在显微镜下才能观察到。

神经细胞上的分支——树突将信息传递给神经元的细胞体，细胞体将信号传递给轴突。这个电信号经过轴突到达轴突末端，然后它会向附近的神经元发送一个化学信号。这种化学信号通过一个小间隙传递给其他神经

元的树突，如此继续，信息就可以传递给这个神经元的"邻居们"了。

为了在显微镜下研究神经细胞，必须用能被细胞吸收的染料对神经组织进行染色。圣地亚哥·拉蒙·卡哈尔用了一种叫作银浸法（silver impregnation）的技术来研究神经细胞。用他的话来说，这种方法使细胞看起来"即使是最细的小枝，也呈现出棕黑色，即使在透明的黄色背景上看清晰度仍然非常突出。"在此基础上进一步改进的、被称作"高尔基法"的染色技术，至今仍在被科学家们广泛使用。

生物学家 | 查尔斯·特纳

Charles Turner

——生于1867年

毕业生代表

1867年2月，查尔斯·特纳生于美国俄亥俄州的辛辛那提市，那时美国的奴隶制刚刚废除一年多。他的爸爸是个看护人，妈妈是执业护士。查尔斯在学校里表现优异，被选为高中年级的毕业生代表。后来他在辛辛那提大学继续学业，获得了科学学士和硕士学位。

歧视

在克拉克学院教了几年书之后，查尔斯·特纳到芝加哥大学的研究生院继续深造，获得了动物学博士学位和毕业嘉奖。他也成了芝加哥大学第一位获得学位的非洲裔美国人。尽管他获得了高等学位，也发表了科研论文，但大多数主流大学仍然拒绝聘用黑人教授。所以他只好到密苏里州的圣路易斯市，在一所种族隔离①的学校做一名高中老师。查尔斯没有经费支持，同时因为非洲裔美国人不被允许进入公共图书馆，他也无法方便地获取图书和科学期刊，但他还是坚持进行科学研究。

昆虫行为学的引领者

即使在没有实验室的情况下，查尔斯·特纳还是不断努力，成了动物行为学研究的先锋。他设计了给蚂蚁和蟑螂的迷宫，并发现了像蚂蚁和蜜蜂这样的社会型昆虫可以学会改变自己的行为。他最重要的科学成果还包括用有颜色的盘子和盒子来研究蜜蜂的视觉并证明了它们能认出形状和花纹。尽管困难重重，查尔斯在他的职业生涯中还是发表了七十多篇科研论文，成为了该领域里受人尊敬的科学家。1911年，他被选入圣路易斯科学院。

公民权利的倡导者

查尔斯·特纳博士还是圣路易斯民权运动的领袖。他一直相信，就像他研究的动物一样，人类也可以改变他们的行为。他希望终有一天能通过教育结束种族主义。

当今世界

今天的科学家们还在继续研究动物的行为，通过研究动物的视觉感知、群体行为等来优化人工智能系统。

---

① 指在日常生活中，按照不同种族将人群分隔开来，使得各种族不能同时使用公共空间或服务。（编者注）

实验 | 蜜蜂/动物行为学

查尔斯·特纳是研究动物行为学的先锋。就像特纳博士研究的蜜蜂一样，梅森蜂也是重要的传粉者，但它们很少蜇人，也没有带刺的毒针。本实验将帮助你为梅森蜂建造一个家园。

▶ **实验材料**

→ 透明的塑料瓶
→ 剪刀
→ 麻线、纱线或粗绳
→ 超轻黏土
→ 纸吸管
→ 纸袋
→ 铅笔
→ 胶带

▶ **安全提示和注意事项**

→ 年纪较小的孩子需要由成年人帮忙剪开塑料瓶。

图5：检查梅森蜂房，确保吸管塞得比较紧密，不会脱落。

▶ **实验步骤**

1 用剪刀剪掉塑料瓶的底部。如果有纸吸管，确保将瓶子剪开后，它仍然比吸管略长。用一根麻线或细绳穿过瓶子，以便稍后将其挂起来。可以把细绳松松地系起来，以免碍事。（图1）

2 在吸管的一端加入一点黏土（如果有黏土的话）封住。这一步不是必须做的，但梅森蜂更喜欢封闭的管子。（图2）

3 把多根吸管放进瓶子里，有黏土的一端先放进去，开放的一端朝外。（图3）

4 为了填补梅森蜂房剩下的空间，从纸袋上剪下一些纸条，用铅笔卷起来，然后用胶带把它们粘成管状。把这些纸管剪成合适的长度，再将它们添加到瓶子里去，直到纸管和吸管紧紧地塞满瓶子，不会从瓶子中掉出来。（图4，图5）

5 将梅森蜂房悬挂在没有人来人往的受保护空间里，例如栅栏上或树上。放置的时候注意角度，避免下雨时雨水流进去。（图6）

6 观察梅森蜂房数周甚至数月，留意梅森蜂的活动。

✳ **奇思妙想**

你还可以利用易拉罐，在里面填上吸管，就可以用来当梅森蜂的家了。试试在易拉罐外面画上鲜艳的颜色，将其装饰一下。

图1：把绳子从瓶子里穿过去。

图2：把吸管的一端用黏土封住。

图3：把吸管放进瓶子里，封住的一端朝里，开口朝外。

图4：用纸袋上剪下来的纸条做更多的纸管，把瓶子里剩下的空间填满。

图6：找到合适的地点，把蜂巢挂起来。

 科学揭秘

　　梅森蜂是一种壁蜂属（Osmia）的昆虫，在北半球约有300种。与群体生活的蜜蜂不同，梅森蜂是独居的。它们在空心的树枝、石头之间的裂缝、木头上的洞，甚至偶尔在空蜗牛壳里建造家园和巢穴。它们之所以被称为梅森蜂（Mason bees），是因为它们会用泥土筑巢（"mason"是泥匠的意思）。

　　当一只雌性梅森蜂准备筑巢时，它会收集花粉和花蜜，然后塞进它选择的狭窄空间里。收集食物后，它会在用花粉堆出的床上产卵，再用泥密封房间，然后在它旁边建造第二个房间，直到周围的空间被蜂宝宝的房间填满。

　　神奇的是，梅森蜂会在房间的后端产下雌蜂卵，而在房间的前端产下雄蜂卵，因为雄性会先孵化。梅森蜂是重要的传粉者。它们很少蜇人，而且它们的刺也不像其他蜂那样有倒钩。

生物学家 ┃ 玛丽·阿格尼丝·蔡斯

Mary Agnes Chase

——生于1869年

铁路工人的女儿

玛丽·阿格尼丝·蔡斯于1869年出生于美国伊利诺伊州的易洛魁县。她的父亲是一位铁路工人，为避免爱尔兰裔劳工在美国受到的偏见，他们全家把姓氏改为"梅尔"（Merrill）。玛丽2岁时，父亲过世了，全家搬至芝加哥。由于家境贫苦，她在小学毕业后便开始在报社工作，以贴补家庭开支，之后也再没有机会继续正常的学业。

一次展览会

19岁时，玛丽与一名报社员工结婚，并改名为玛丽·阿格尼丝·蔡斯，然而她的先生在一年后就死于肺炎。在1893年，玛丽和她的侄儿参加了在芝加哥举办的哥伦比亚博览会，在这场盛大的展览中，她看到了一场关于植物的展览。玛丽被植物深深吸引并决定学习植物学。

有天赋的艺术家

玛丽开始写她自己的植物日志，一位教授对她的植物画作印象深刻，并且聘她为植物书籍绘制插画。玛丽从在芝加哥屠宰场做猪肉检疫的工作中学会了使用显微镜，之后在芝加哥野外博物馆研究植物。最终，她受聘于美国国家农业部，一步步从插画师到实验助理再到科学家，期间她整理了世界上超过两万种不同种的草种标本，其中数种由玛丽第一次做出了文字记录。

人权倡导者

在玛丽的职业生涯中，她努力让大众接触科学知识，也一直冒着职业风险倡导人权。她指导希望成为植物学家的女性学生等弱势群体，并曾因为抗议女性无选举权而两次被捕入狱。

大学学历

在玛丽漫长的职业生涯中，她出版了超过七十篇学术文章和书籍，其中包括一本为民众介绍草本植物的畅销书《阿格尼丝·蔡斯的第一本草本植物》（*Agnes Chase's First Book of Grasses*），这本书至今仍在印刷和销售中。当玛丽89岁高龄时，她终于被伊利诺伊大学授予了荣誉学士学位。

当今世界

直至今日，草本学的研究仍然非常重要。大米、玉米、小麦、甘蔗等农作物都是草本植物。健康的草原生态系统能防止水土流失，还能通过不断吸收空气中的二氧化碳来减缓全球变暖等气候变化难题。

实验 ┃ 草本学/禾本科植物

玛丽·阿格尼丝·蔡斯环游全世界，收集了20,000多种草。如果你无法自行进行集草活动，可以尝试在不同条件下用透明的塑料袋和花盆种草，观察草种发芽以及黑暗条件下草的生长情况。

▶ **实验材料**

→ 厚纸巾

→ 水

→ 小号的密封塑料袋

→ 草种（草坪草、小麦、燕麦、大麦均可）

→ 油性记号笔

→ 纸胶带

→ 营养土

→ 小花盆或纸杯

→ 透明玻璃容器，例如大玻璃瓶，用于扣在花盆上（可选）

图3：把相同种类的草种种在盆里，观察小草在土壤中的生长情况。

▶ **实验步骤**

种子萌发实验

1 用水蘸湿纸巾，将其折叠，然后放入小号的密封塑料袋中。

2 在袋子里纸巾的一侧，放几粒草种。部分密封袋子，不要将其完全密封。如果想比较的话，可以多种植几种草。（图1）

3 用记号笔在袋子上标记日期和种子类型。

4 用胶带将袋子粘在窗户上，这样就可以观察种子了。

5 每天观察种子的萌发情况。留意根和芽的生长情况。（图2）将相同种类的种子种在盆中以比较它们的生长方式。（图3，图4）

图1：在塑料袋里放入浸湿的厚纸巾，在上面种植种子。

图2：观察种子萌发过程中芽和根的生长情况。

图4：比较土壤中和塑料袋中植物的生长情况。

图1：让小草在不同生长环境中生长。

图2：把其中一个花盆用玻璃或塑料容器盖上。

探究草的生长环境

1 将土壤或盆栽土添加到几个小花盆或纸杯中。

2 在每个盆中种上相同种类的草：将草种撒在土壤上，然后用薄薄一层土壤覆盖，或按照种子包装上的说明进行操作。

3 在每个盆上标记生长条件，例如无日光、充足日光、每天浇水、不浇水、覆上玻璃盖等。（图1）

4 将玻璃或塑料容器覆盖在一个花盆上，以创出一个可以保持热量和水分的温室。（图2）

5 让草自然地生长，持续一到两周每日观察。当小草完全长大后，比较在不同条件下生长的植株的特征。（图3）

6 将生长在黑暗中的草放在日光充足的地方，观察它们变绿需要多长时间。

图3：比较在不同条件下生长的植株的发芽及生长情况。

图4：把草连根拔起，研究它的根。

图5：找到草茎上的结点。

 奇思妙想

　　去户外寻找几株像草一样植物，连根拔起。用剪刀把它们的茎部剪开，识别它们是草、芦苇还是蒲草。（图4，图5）

🔅 科学揭秘

　　草通过光合作用将阳光、水和二氧化碳转化为能量用于自身生长。叶绿素是植物中的绿色色素，帮助植物吸收阳光。大多数植物在黑暗环境下不会产生很多的叶绿素。

　　如果看到像草的植物，请记住以下描述：蒲草有边缘，芦苇是圆形，草有弯向地面的膝。"芦苇和蒲草有着坚实的茎，切开的蒲草会露出三角形的茎，而切开的芦苇是圆形的；草的茎是空心的，带有类似关节的实心结点，在上述那段描述中将其称为"膝"。禾本科的草约有780个属、12,000种（参见实验2），是对人类最重要的植物种类，因为我们经常食用草类谷物，包括小麦、大米、玉米和大麦。牛也会吃大量的草。

≡ 实验 14 ≡

Susan La Flesche Picotte

生物学家 | 苏珊·拉·弗莱舍·皮克特

—生于1865年

酋长的女儿

苏珊出生于1865年6月，她的父亲是约瑟夫·拉·弗莱舍（Joseph La Flesche）。约瑟夫于1853年当上了内布拉斯加州奥马哈部落的首领。在对欧洲殖民者进行多年的暴力反抗之后，土著民族分成了两个阵营，一部分人决定继续用传统的方式生活，另一部分人则认为能继续生存的唯一方式是与白人合作。

苏珊与她的三个姐妹在小木屋中共同生活成长，之后在保留地①里的一所寄宿制学校里学习欧洲和美国文化。到她上大学的时候，苏珊的英文、法语以及奥马哈语三种语言都很流利，她和家人用奥马哈语交流。

一段改变命运的经历

8岁的时候，苏珊眼睁睁地看着一位老奶奶在保留地内等待白人医生的过程中痛苦地过世。他们给医生打了四次电话，医生都没有来。后来，苏珊回忆道："老奶奶只是一个印第安人，对医生来说毫不重要。"这件事情最终激励着苏珊考上宾州女子医学院，这所学校是美国的第一所女子医学院。在大学里，苏珊选修了生物、化学、解剖和生理学课程。毕业时，她作为班级的荣誉毕业生在毕业典礼上致辞。

学成归家

当苏珊医生回到内布拉斯加州的家里时，已经有很多病人在门口等待着她，其中有肺结核病人和霍乱病人。她每天要花20个小时步行、骑马或者乘马车去给乡亲们诊治。甚至在苏珊结婚和生育了两个儿子之后，她仍然坚持工作，这在当时是比较少见的。为了减少保留地内的传染病，苏珊鼓励人们保持良好的卫生习惯，如通风、装纱门，以此把传播疾病的蚊虫阻挡在外。

苏珊医生

在苏珊的行医生涯中，她在约1160平方千米的区域中诊治了一千三百位病人。她被亲切地称为"苏珊医生"，并成为当地人的领袖。在她先生过世之后，她积极地捍卫奥马哈部落对这片古老土地的所有权，也募捐到足够的资金在保留地里建造了一所医院。她于1915年过世。

当今世界

在当今时代，公共卫生的专家在传染病方面的知识远远超过苏珊所处时代的认知，但大家仍然在努力寻找控制由苍蝇和蚊虫传播的疾病的方法。

---

① 保留地是美国政府从印第安人部落原来拥有的土地中划出来供部落全体成员继续居住的那一部分土地。（编者注）

实验 ┃ 公共卫生/居家健康

通过鼓励洗手和安装纱门，苏珊医生向她的社区宣传了良好卫生习惯对预防疾病传播的重要性。在本实验中，你将用超轻黏土、棉签和塑料来组装家蝇的模型，看看苍蝇是如何将疾病从厕所和动物粪便传播到食物和其他物体上的。

▶ **实验材料**

→ 棉签
→ 超轻黏土
→ 剪刀
→ 透明的食品包装袋
→ 油性记号笔
→ 纸
→ 蜡笔或记号笔
→ 可水洗的油墨印台

▶ **安全提示和注意事项**

→ 使用可水洗的油墨印台可以让清洁变得容易些。

▶ **实验步骤**

1 查找一些普通苍蝇的照片。（图1）

2 将3根棉签剪成两半，作为苍蝇的六条腿。

3 用黏土捏出苍蝇的身体，比例要适合棉签做成的腿。

图3：制作苍蝇的翅膀。

4 将棉签均匀地插入苍蝇身体中，让棉签的末端成为支脚，使其可以站在平坦的表面上。（图2）

5 用包装袋剪出翅膀，再用记号笔在上面画出翅膀纹理。（图3）

6 在纸上画几种食物。（图4）

7 拿起苍蝇，让它"飞"到印台上。墨水代表腐败的食物、动物粪便或马桶上的细菌。让苍蝇降落在印台上，"脚"上沾满油墨。（图5）

8 让苍蝇"飞"到你画的食物上，然后将其放到你最喜欢的饭菜的图案上。（图6）

9 观察"细菌"如何从苍蝇转移到食物上。

10 思考房屋的纱门如何保护食物和其他物体免受苍蝇携带的细菌的侵害。（图7）

图1：查阅苍蝇的图片。

图2：制作一只苍蝇。把棉签插入苍蝇模型的身体作为苍蝇的腿和脚。

图4：在纸上画一些食物。

图5：让苍蝇降落在印台上。

图6：让苍蝇降落在你画的食物上，模拟细菌从苍蝇的脚上转移到食物上的过程。

图7：思考纱门是如何阻止苍蝇传播细菌的。

☀ 奇思妙想

苍蝇的口器利用毛细作用吸食食物，毛细作用是使液体流过狭窄空间的一种物理力。使用可水洗的记号笔在一张纸条的底部附近画一个点。将纸的底部放入水中，观察水是如何通过毛细作用向上移动的。

💡 科学揭秘

"*Musca domestica*"是苍蝇的学名（参见实验2，了解双名法）。在过去的数千年时间里，苍蝇一直在人群中传播疾病。伊索寓言等古代故事中也提到过苍蝇。

苍蝇没有用于咀嚼的嘴巴。它们的嘴巴部位进化得更适合吸食液体。它们用来进食的海绵状可伸缩长鼻被细小的沟槽覆盖，这些沟槽通过毛细作用将食物向上吸。它们可以用脚上被称为化学感受器的特殊器官来品尝食物，并经常通过摩擦双腿来对其进行清洁。

苍蝇会将消化液吐到食物和粪便上，它们的整个身体都布满了细菌。最近的一项研究表明，这种讨厌的昆虫在它们着陆的任何地方都会留下一串细菌。

生物学家 ┃ 伊梅斯·梅希亚

Ynés Mexía

——生于1870年

大自然的热爱者

伊梅斯·梅希亚于1870年出生在美国华盛顿特区，她的父亲是墨西哥的一位外交官。后来她父母离异，梅希亚随母亲搬到德克萨斯州居住。无论是住在德州还是墨西哥，她都一直热爱远足、观察路途中遇到的鸟和植物。虽然年轻时梅希亚没有上大学，但她一生都对自然世界非常感兴趣。

来到加州

1909年，伊梅斯·梅希亚搬家到加州的旧金山。在经历过一些生活上的打击之后，她感到身心疲惫，但在加州北部的大山和红木森林里她找到了慰藉。她曾是塞拉高山俱乐部里的一位活跃成员，这个俱乐部由自然学家约翰·缪尔（John Muir）于1892年创立，致力于保护约塞米蒂国家公园。最终，伊梅斯·梅希亚成了加州大学伯克利分校的一员。

星空之下

伊梅斯·梅希亚51岁时开始在伯克利上学，1925年，她开始了第一次收集植物的远程旅行，那一年她已经55岁。即使当时的男性探险者认为一位女性不可能单独完成在南美洲的旅途，她还是继续坚持在美洲大陆上探险和收集植物，她穿着工装裤，骑着马，在星空下野营……她经历过一次大地震，误食过有毒的树莓，在发现新物种和记录有趣树种（比如一棵高达61米的蜡质棕榈树）的行程中历尽艰险。她也参加过其他的探险队伍，有一次是和她的同事希契科克（A. S. Hitchcock）一起在阿格尼斯·蔡斯（参见实验12）带领下进行了巴西之旅。她的助理尼娜·弗洛伊·布雷斯（Nina Floy Bracelin）帮助她准备和鉴定她收集到的植物标本。

科学教育家

虽然伊梅斯·梅希亚忙于采集植物，未能完成大学学位，但她总共收集了近15万个植物物种。在短短的13年时间里，她发现了500个新的植物物种和两个新的"属"。在旅行途中，她在旧金山做讲座，与民众分享自然之旅的照片，并把关于植物的知识教给大家。由于她的墨西哥族裔身份、年龄及性别，她曾受到一些偏见，但所有认识她的人都说她是一位友善、中立和坚强的人。她于1938年在加州伯克利过世。

当今世界

时至今日，伊梅斯·梅希亚收集的植物标本仍在博物馆里展出，从纽约到旧金山。

实验 | 植物收集/鉴定

伊梅斯·梅希亚非常具有冒险精神，她冒着地震和有毒浆果的风险，去追寻未被记录的植物物种。试着在附近或你最喜欢的公园里收集树叶和花朵，你可以体会到梅希亚对植物学的热忱。本实验将教你如何对植物进行压制和贴标签，以制作出让人印象深刻的植物标本。

▶ 实验材料

→ 剪刀或修枝剪
→ 纸袋
→ 照相机（可选）
→ 厚纸板
→ 报纸
→ 纸板
→ 厚重的书或重物
→ 胶水

▶ 安全提示和注意事项

→ 在收集植物之前，要学习辨认有害植物，例如常春藤、毒橡树和荨麻，以免引发皮疹。

▶ 实验步骤

1 在家附近或公园里采集植物。（图1）

2 当你发现有趣的植物或树木时，剪下树枝、细枝或整株植物，然后放入你随身带着的袋子里。

3 如果你有照相机，请拍摄采样的植物或树木。也可以多拍几张特写照片，例如树皮和茎，以帮助识别植物。（图2）

图3：把植物摆放好。

4 继续收集植物和叶子。

5 回到室内后，将植物摆放好。使用书籍、网络或应用程序来对其进行鉴定。查找收集植物的区域里有哪些常见植物通常会很有帮助。照片也很有用途，叶子的大小、形状、边缘特征都会为你提供信息。（图3）

6 压平植物，为每一种植物裁切适合尺寸的厚纸板。（图4）

7 剪裁与厚纸板大小相同的报纸，放在厚纸板上。（图5）

8 将植物的叶子、茎、芽和花放在报纸上。

9 在上面继续放置另一张报纸，然后添加第二张厚纸板。（图6）

10 继续对植物和纸张进行铺叠，形成厚厚一叠。如果有植物标本夹的话，可以直接用它来压制。没有的话就将标本放在两块硬纸板之间，再在顶部施加重物以压紧。厚重的书籍非常适合用来压制植物标本。

11 等待几周，打开并查看干燥的植物。小心地将它们粘在厚纸板上，再贴上常用名和学名，同时记录收集的日期和地点。（图7）

图1：到户外去寻找植物，带好一个袋子、一把剪刀或修枝剪。

图2：收集你找到的植物并为其拍照。

图4：根据每一份植物的大小裁剪略长一点的厚纸板。

图5：剪裁报纸，放在厚纸板上。

图6：将植物夹在多层纸中。

图7：为干燥后的植物标本做标记。

☀ 奇思妙想

研究哪些昆虫栖息在你收集的植物上，尝试画出这些植物和昆虫。（参见实验1）

💡 科学揭秘

保存完好的植物标本，例如由伊梅斯·梅希亚收集的标本，为科学家们提供了有关植物多样性和分布的重要信息。干燥的植物标本可以保存数百年。对植物标本进行收藏并记录相关数据的地方称为"标本室"。

"发现"植物指的是首次科学记录植物。有记录的最早的植物收集考察活动是由中国人和埃及人进行的，尽管现在我们已无法找到这些植物。在英格兰的维多利亚时代，植物搜集是一种流行的爱好，收藏家们环游世界收集活的植物以丰富他们的花园。

如今，科学家们还对从前的植物收藏进行了数字化处理，并对它们进行研究，以了解多年来植物种群的变化。美国史密森尼国家自然历史博物馆（Smithsonian National Museum of Natural History）等机构如今使用从活植物中提取的DNA条形码（DNA barcodes）来识别物种并存储信息。

≡ 实验 16 ≡

Alexander Fleming

生物学家 ｜ 亚历山大·弗莱明

——生于1881年

大家庭

亚历山大·弗莱明于1881年出生在苏格兰艾尔郡的达维尔附近洛克菲尔德的一个美丽农场里。在七个兄弟姐妹的陪伴下，弗莱明渐渐长大，并去伦敦上大学学习医学。在与创立了疫苗疗法的阿尔姆莱斯·莱特（Almroth Wright）爵士一起工作的期间，弗莱明对微生物学产生了浓厚的兴趣。1914年6月28日，第一次世界大战爆发，亚历山大开始在法国布洛涅的一所伤病医院工作。

一个关乎生死的难题

在医院里，许多已经被医生抢救回来的士兵或者身体上并无致命伤的士兵都死于感染。弗莱明意识到用来涂抹伤口的抗菌剂不是十分有效，这样的处理只会增加病人的痛苦，并不能杀死伤口深处的细菌。他建议让伤口保持干净和干燥以此来杀菌，但很少有人相信他。

一次偶然的发现

一战之后，亚历山大·弗莱明医生继续研究细菌，并不断寻找人体中能够杀死有害微生物的物质。非常有传奇色彩的是，当他的鼻涕不慎滴入细菌培养基的时候，他发现了一种能够杀死某些种类细菌的物质，把它命名为"溶菌酶"（lysozyme）。另一次实验室里的小意外让他最终发现了盘尼西林。1928年，弗莱明有一次和家人度假归来，发现实验室里的培养皿已经长霉了。"这很有趣。"他说，因为他注意到在一个霉点周围的细菌都死了。这种能够杀死细菌的霉菌就是青霉（penicillium）。

盘尼西林

霉菌是真菌类的生物，和细菌有些类似。起初，弗莱明给抑菌物质起名为"霉液"，然后根据青霉的谐音将这种物质改名为"盘尼西林"。1945年，亚历山大·弗莱明因"发现青霉素及其对各种传染病的疗效"而与厄恩斯特·鲍里斯·钱恩（Ernst Boris Chain）和霍华德·沃尔特·弗洛里（Howard Walter Florey）共同荣获诺贝尔奖。颁奖礼上，弗莱明分享道："一个人有时会发现他并没有在寻找的物质。"

当今世界

后来，亚历山大·弗莱明发现有的细菌会对盘尼西林产生抗药性。时至今日，盘尼西林仍被用来抗感染，科学家们也一直在寻找新的抗生素来杀死对现有抗生素有抗药性的细菌。

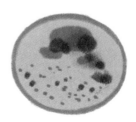

实验 | 真菌/盘尼西林

亚历山大·弗莱明偶然发现了一种叫作盘尼西林的抗生素，当时他的某些细菌培养基被蓝绿色的霉菌所污染，即我们现在称为"青霉菌"的真菌。在本实验中，你将观察过期的面包上可以生长出多少种真菌。

▶ 实验材料

→ 若干面包切片或多种面包
→ 透明塑料密封袋
→ 油性记号笔
→ 放大镜

▶ 安全提示和注意事项

→ 在研究霉菌时请密封塑料袋，以防止吸入可能引起过敏的霉菌孢子。

▶ 实验步骤

1 将面包切成小块，放入塑料密封袋里。（图1）
2 如果可以的话，将多种类型的面包添加到不同的包装袋里。（图2）
3 在袋子上标注日期和面包成分（如果知道的话）。
4 将袋子放在室温下黑暗的抽屉或壁橱里。

图5：寻找蓝色和绿色的青霉菌。

5 将面包存放在袋子中，每天使用放大镜观察面包上是否有真菌生长。（图3）
6 记录在面包上生长的霉菌的颜色和质地：它们是丝状的（像细线）还是粉状的？是模糊的还是粘稠的？（图4，图5）
7 完成观察后，将袋子密封，将其与里面的面包一起丢弃。

✳ 奇思妙想

在培养基上培养微生物（参见实验10），寻找在较小的细菌菌落旁边生长的大型的有色真菌菌落。

图1：准备好面包片。

图2：把面包片放入密封袋里。

图3：定期观察面包上霉菌的生长情况。

图4：记录霉菌的颜色和质地。

 ## 科学揭秘

　　真菌是一类能产生孢子的生物，以有机物为食。世界各处都可以找到真菌，包括霉菌、酵母、蘑菇和毒菌。真菌的细胞壁中含有一种叫作"几丁质"的分子，真菌并不进行光合作用。

　　青霉是真菌家族的一个属，包含300多个物种。除了在食品工业中广泛应用外，一些青霉菌种可用于生产具有杀菌效果的盘尼西林。

　　你在面包上面发现的霉菌很可能是青霉菌。青霉菌通常为绿色或蓝色，色调包含从海军蓝到青绿的范围。面包上的某些霉菌会使你生病，所以最好避免食用发霉的烘焙食品。

实验 17

生物学家 | 欧内斯特·埃弗里特·贾斯特

Ernest Everett Just

——生于1883年

出生在三角洲

欧内斯特·埃弗里特·贾斯特于1883年出生在南卡罗来纳州的查尔斯顿，这座城市坐落在河流入海口处，是美国东海岸最大的一个三角洲。当欧内斯特3岁的时候，一场地震几乎把这座城市完全摧毁；在他4岁时，父亲过世了。

父亲离世后，欧内斯特随母亲搬到乡下居住，乡间的海边、河边和湿地旁有很多野生动物。一有机会，欧内斯特就会到野外去探索大自然。在他母亲创立的学校里，他学会了读书写字。当他母亲在学校里工作的时候，欧内斯特会帮忙照顾弟弟妹妹。他曾经历一次严重的伤寒，治愈之后又重新开始学习文化知识。

搬家到北部

欧内斯特在南卡罗来纳州的寄宿学校学习了一段时间，之后为了远离种族隔离，他搬到北部的新汉布什尔去继续求学。由于母亲离世，他以半工半读的状态在达特茅斯大学完成了学业，并且一直负担着家里弟弟妹妹的经济开支。在选修了一门生物课之后，欧内斯特决定深入学习构成生命体的细胞。

成为教授

欧内斯特的努力终于得到了回报，大学毕业后，他成为霍华德大学的一名英文教授和生物学教授，同时他还在大学里建立了一个戏剧俱乐部。暑假期间，他就在马萨诸塞州的海边研究海洋生物，细致研究各种海洋生物的卵，其中包括海胆、沙钱和沙虫。他专注于细胞生理，细致观察卵细胞在受精和发育过程中是如何变化的，并用英语和德语发表了多篇学术文章。

遭遇歧视

欧内斯特因其开创性的研究成果而举世闻名。不幸的是，在美国的生活对他来说并不容易。因为肤色的原因他一直受到歧视，甚至不能够获取做实验所需要的仪器。以白人职员为主的大学拒绝让他工作。最终，他搬到法国，因为在那里，他可以更自由地从事研究工作。

一位作家

欧内斯特善于用简单易懂的语言解释科学现象。他出书介绍了用海洋动物的卵做生物学实验的方法，以及在细胞表面做实验的方法。他在书中还描述了一些具有突破性的发现，其中包括当精子细胞触碰到卵细胞表面的时候，卵细胞的变化过程，以及水分子进出细胞膜的过程。

当今世界

欧内斯特的发现帮助现代生物学在发育生物学、肾脏疾病、癌症、体外受精等领域奠定了坚实的基础。

实验 | 细胞生理学

欧内斯特对细胞生物学很感兴趣，包括水如何流入和流出细胞。在本实验中，你将把生鸡蛋的壳溶解在醋中，然后将其浸泡在玉米糖浆或水中使其膨胀或萎缩。

▶ **实验材料**
→ 透明的玻璃容器
→ 生鸡蛋
→ 白醋
→ 玉米糖浆
→ 水

▶ **安全提示和注意事项**
→ 拿过生鸡蛋后要洗手，因为它们可能携带沙门氏菌。

▶ **实验步骤**

1 将几个生鸡蛋放入透明玻璃容器里，可以使用玻璃碗或玻璃瓶。向容器中加入白醋直到没过鸡蛋，将其放置在室温下几个小时。请注意，当蛋壳中的碳酸钙晶体与醋反应并溶解时，会产生二氧化碳气泡。（图1）

2 将鸡蛋放入冰箱过夜。第二天，鸡蛋摸起来应该柔软而有弹性。如有可能，浸泡更长的时间。当鸡蛋变软时，用水冲洗并轻轻地除去剩余的蛋壳，只剩下薄膜。（图2）

3 将鸡蛋对准灯光或用手电筒照射。可以看到里面的蛋黄吗？（图3，图4）

图6：玉米糖浆中的鸡蛋会漂浮在顶部，试着轻轻向下压。

4 取一个玻璃容器，倒入水，将上个步骤中没有壳的鸡蛋放入，静置一整夜，看看会发生什么。

5 另取一个玻璃容器，倒入玉米糖浆，也放入一个没有壳的鸡蛋。鸡蛋的主要成分是水，而玉米糖浆是一种浓稠的糖溶液，因此鸡蛋会漂浮在顶部附近，你可以轻轻地将其向下压（参见实验3，以了解有关密度的更多信息）。（图5，图6）

6 将鸡蛋放置在冰箱中一整夜。

7 将放置在水中过夜的鸡蛋与放置在玉米糖浆中的鸡蛋进行比较。（图7）

✦ 奇思妙想

将玉米糖浆浸泡过的鸡蛋冲洗干净，然后将它们放回水中过夜，看看会发生什么。添加食用色素以测试色素中的化学物质是否能够穿过蛋膜。

图1：将蛋浸入醋中。

图2：轻轻地除去剩余的蛋壳。

图3：观察鸡蛋薄膜中的蛋黄。

图4：用一束光照射鸡蛋，以此找到蛋黄的位置。

图5：把一个鸡蛋放入装水的瓶中，另一个鸡蛋放入玉米糖浆中。

图7：比较浸没在清水中和浸没在玉米糖浆中的鸡蛋。

科学揭秘

鸡蛋是小鸡的孵化器。蛋清由蛋白质和水组成，而蛋黄包含小鸡生长所需的营养素和卵细胞。如果卵细胞已经受精，它就会分裂成更多的细胞并形成胚胎。

发育中的小鸡需要氧气，因此蛋壳上有数以千计的微孔，允许气体进出。通过溶解蛋壳中的碳酸钙，蛋壳内的膜就显露出来了，可以更方便地观察到渗透过程。

动植物和细菌的细胞通过渗透作用允许液体进出。含有大量糖或盐分子的液体被称为"浓溶液"。渗透过程中，水透过薄膜，从浓度较低的溶液移动到浓度更高的溶液里。由于玉米糖浆含糖量高，在本实验中，你会观察到水通过薄膜从鸡蛋中出来，进入玉米糖浆，鸡蛋的体积便缩小了。

生物学家 | 雅克·莫诺

Jacques Monod

——生于1910年

达尔文的影响

雅克·莫诺于1910年出生在法国巴黎，7岁时随家人搬到南部居住。雅克的妈妈出生于美国威斯康星州的密尔沃基，他的父亲是一位画家，同时对科学和达尔文（参见实验3）的著作非常感兴趣。父亲把书中学到的知识教给雅克，激发了雅克对生物学的兴趣。

从巴黎到加州

雅克18岁时回到巴黎读大学，他在巴黎读完科学学位后又在加州读完了博士学位，随后在巴斯德研究所和索伯顿大学工作。在二战爆发之前的1938年，雅克和一位考古学家奥黛特·布吕尔（Odette Bruhl）组成家庭，他们养育了两个双胞胎儿子。

第二次世界大战

和当时很多科学家一样，雅克的研究工作也被第二次世界大战打断。在战争期间，很多科学家都加入了军队，或者为了逃避战火和集中营而离开家园。当1965年雅克因他在生物学科的研究荣获诺贝尔奖时，他分享了在战争期间回到被纳粹占领的位于巴黎的实验室的经历："大约是25年前，在1940年那场灾难之后的八月份，我终于找到了在北区的家人，也渴望能重新开始我的研究工作，于是我退伍了。在1940年那个苍凉的初冬的一天，我走进巴斯德研究所安德烈·洛夫斯（Amdré Lwoff）的办公室，我想和他一起讨论我最近观察到的一些奇怪的生物学现象。之后我在古老的索伯顿实验室里工作，那里还有一个布满玩具猴的画廊。"

乳糖操纵子

最终，雅克在巴斯德研究所担任所长，从事科学研究。在研究细菌的过程中，他创立了分子生物学的模型。雅克长期研究生物酶在细胞里的合成过程。当其他科学家发现DNA是一条长链，并且控制不同蛋白质的表达[①]时，雅克终于找到了揭开谜团的关键一环。他向世人展示，有一种蛋白质像夹子一样与DNA结合，以使其他蛋白质在非必要时不合成。当抑制子收到信号后，它便会松开DNA，于是新的蛋白质和生物酶开始合成。雅克所研究的这一段DNA被称为"乳糖操纵子"。

当今世界

雅克·莫诺的研究发现奠定了分子生物学的基础。时至今日，科学家们都还在用雅克的发现来研究基因表达的调控机制。

---

① 基因表达（gene expression）是指细胞在生命过程中，把储存在DNA序列中的遗传信息经过转录和翻译，转变成具有生物活性的蛋白质分子的过程。（编者注）

实验 | 基因表达

雅克·莫诺是现代分子生物学的先驱。尽管很难在实验室之外进行分子生物学实验，但你可以使用拼插积木来表示DNA，以此了解抑制蛋白是如何调节基因表达的。

▶ 实验材料

→ 拼插积木（例如乐高）

▶ 安全提示和注意事项

→ 如果你没有用于搭建组合积木的基板，请使用较长的积木块作为DNA模型基板。

▶ 实验步骤

1 查找DNA图像并研究其结构。DNA包含用于制造蛋白质的代码，并且可以调控蛋白质的产量。在本实验中，我们将创建一个简单的乳糖操纵子模型，该模型可以调节当周围存在某些糖时细菌内要产生何种蛋白质。

2 选择颜色相同的两个长积木块和一个短积木块，代表乳糖操纵子DNA链的一部分。操纵子是其附近的DNA序列（称为基因）表达为蛋白质所需的DNA单位。（图1）

3 选择一个不同颜色的短积木块，用于代表被称为"启动子"的DNA区域。为了将DNA中的信息转化为蛋白质，一种被称为"RNA聚合酶"的特殊蛋白质必须与启动子紧密结合。

图3：添加代表阻遏蛋白的积木块。

4 选择一个第三种颜色的小积木块来代表DNA的操纵子区域。操纵子区域可以与某些蛋白质结合，以阻止DNA合成RNA继而合成蛋白质。

5 按顺序拼接积木块。（图2）

6 找到一个更大的第四种颜色的积木块来代表"阻遏蛋白"，它将覆盖操纵子和启动子。将其添加到模型中，横跨操纵子和启动子。（图3）

7 选择另一个较大的积木块作为RNA聚合酶。请注意，当阻遏蛋白存在时，则无法将其卡在启动子上。这样就无法制造蛋白质了。（图3）

8 找一些小的白色积木代表一种叫作"乳糖"的糖。将其中一个插在阻遏蛋白上，然后将阻遏蛋白从操纵子上拆下。当乳糖存在时，它与阻遏蛋白结合，阻遏蛋白脱离操纵子，从而允许RNA聚合酶结合到基因的启动子区域。（图4）

9 将RNA聚合酶模块插在启动子上。现在，构成操纵子的基因可以转录为RNA，RNA可以翻译成用于乳糖运输和代谢的蛋白质。（图5，图6）

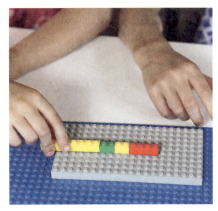

图1：用积木代表乳糖操纵子。

图2：组装乳糖操纵子。

图4：添加代表乳糖的积木块，将抑制蛋白拆下来。

图5：将RNA聚合酶模块插在启动子上。

图6：RNA聚合酶沿基因移动转录出RNA，RNA进而翻译出用于乳糖运输和代谢的蛋白质。

☀ 奇思妙想

搜索其他基因的示意图，并使用拼插积木制作其模型。尝试了解它们是始终处于激活状态还是像乳糖操纵子一样受到调节。

科学揭秘

DNA是存在于大多数生物中的携带遗传信息的物质。基因是DNA上控制蛋白质合成的片段。当RNA聚合酶附着到基因的启动子上时，就会使用DNA编码形成被称作"信使RNA"的链状物质。信使RNA随后指导合成蛋白质，这些蛋白质在生命活动中起着至关重要的作用。

雅克·莫诺发现，某些基因，包括大肠杆菌中的乳糖操纵子，具有被称为"阻遏蛋白"的钳子，这些钳子附着在启动子附近的DNA上，使得其他蛋白质在非必要时不合成。当阻遏蛋白获得信号后，它就会从DNA上脱离下来，进而产生新的蛋白质和酶。

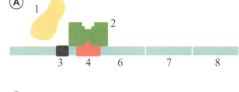

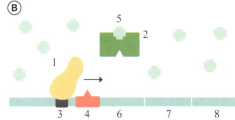

图A中，RNA聚合酶被阻遏蛋白抑制；图B中，乳糖结合了阻遏蛋白，使得RNA聚合酶可以与启动子结合用于制造信使RNA。

生物学家 | 玛格丽特·柯林斯

Margaret S. Collins

——生于1922年

探险家

玛格丽特从小就喜欢在她家附近的（美国）西弗吉尼亚的森林里探险。她出生于1922年，是家里五个孩子中的老四。她的父亲和母亲都上过大学，父亲有硕士学位，母亲年轻时的理想是成为一名考古学家，虽然最终未能完成大学的学习，但作为母亲，她教给了孩子们最重要的一课——学习是一件很重要的事。这影响了玛格丽特终生。

神童

6岁时，玛格丽特的智力优势就在同龄人中表现得非常明显，她被称作"神童"，在学校里连跳两级，并且很小就拥有了属于自己的西弗吉尼亚州立大学的图书馆卡。14岁时，玛格丽特从高中毕业进入大学学习，主修生物学，副修物理学和德语。

困在实验室里

玛格丽特在芝加哥大学完成了博士研究，她的导师艾尔弗·埃默森（Alfred E. Emerson）是一位研究白蚁的专家，并且拥有世界上最大的白蚁标本收藏。埃默森是一位很好的导师，他帮助玛格丽特屏蔽掉周围的一些种族歧视。不幸的是，埃默森和当时的很多男性科学家一样，不喜欢带女生去野外工作，因此当埃默森在野外收集有意思的白蚁时，玛格丽特只能待在实验室里。即使这样，玛格丽特还是撰写了一篇关于白蚁的很有影响力的论文。

成为教授

动物学是生物学里专门研究动物的一个分支。当玛格丽特获得博士学位的时候，她成了美国第一位女性非洲裔昆虫学家和第三位女性非洲裔动物学家。接着她在霍华德大学任教，后来因为男女不平等的情况而离开。在重新回到霍华德大学之前，她在弗罗里达的A&M公司以及明尼苏达大学工作了一年。

去到野外

到这个时候，玛格丽特·柯林斯博士已经成为一位野外生物学家，她在世界各地研究白蚁和它们的自然栖息地。1989年，玛格丽特在弗罗里达发现了一个白蚁的新物种，把它命名为"弗罗里达湿木白蚁"。1996年，玛格丽特76岁时，她在开曼岛上做着自己最喜欢的事情——研究白蚁的时候离世。

当今世界

时至今日，科学家们仍然在研究白蚁，不仅仅是因为白蚁破坏性很大。很多公司都在研发类似白蚁唾液的工业产品，因为白蚁用唾液让白蚁丘变得非常牢固。科学家们也对白蚁丘的结构非常感兴趣，当天气炎热时，白蚁丘内仍然很凉爽。

实验 | 动物学/白蚁

玛格丽特·柯林斯发现，白蚁用唾液粘在一起的土堆是非常坚固的。现代化学家会仿制白蚁唾液，希望将其用于建造更坚固的道路。试着在家中混合胶水、玉米淀粉和水，以此来制作一些"白蚁唾液"，然后用它粘合咖啡渣，修筑一个白蚁丘的立体模型。

▶ **实验材料**

→ 烤盘
→ 铝箔纸
→ 1～2杯咖啡渣
→ 水
→ 可水洗的胶水
→ 玉米淀粉
→ 手工黏土

▶ **安全提示和注意事项**

→ 建议提前为本实验保存一些咖啡渣。用过的咖啡渣可以放入烤箱中快速烤干。

图5：制作一个白蚁丘的立体模型。

▶ **实验步骤**

1 在烤盘上铺上铝箔纸。

2 上网搜索一些白蚁丘的照片。

3 混合 $\frac{1}{4}$ 杯（约60毫升）水、$\frac{1}{2}$ 杯（约120毫升）可水洗胶水和 $\frac{1}{4}$ 杯（约32克）玉米淀粉，制成"白蚁唾液"。（图1）

4 取 $\frac{1}{2}$ 杯（约64克）干燥的咖啡渣，将其添加到另一个容器里。

5 将2汤匙（约30毫升）"白蚁唾液"添加到咖啡渣中，充分混合，然后在铺有铝箔纸的烤盘上制成白蚁丘的形状。（图2）

6 重复步骤4和5，但这一次在 $\frac{1}{4}$ 杯（约60毫升）"白蚁唾液"中加入 $\frac{1}{2}$ 杯（约64克）咖啡渣，再制作第二个白蚁丘。（图3）

7 等待土丘干燥后进行比较：哪个白蚁丘更牢固？为什么？空气是怎样流过每一个土丘的？你还能在"白蚁唾液"中添加哪些成分以构建出更坚固的蚁丘？

8 查找白蚁的图像，用手工黏土制作白蚁模型，放置到蚁丘上。（图4）

9 制作成一个完整的立体模型。（图5）

图1：制作"白蚁唾液"。

图2：将"白蚁唾液"与咖啡渣混合。

图3：用混合物制作蚁丘并晾干。

图4：用手工黏土捏成白蚁，放入蚁丘模型。

☀ 奇思妙想

研究"白蚁唾液"的配方来制作出最高、最坚固的蚁丘。调整胶水、玉米淀粉和水的比例，或尝试加入其他成分，例如不可清洗的胶水或塔塔酱（Tartar sance），测定"白蚁唾液"与咖啡渣的最佳比例。

科学揭秘

白蚁是杰出的建筑师。某些白蚁生活在树木和建筑物的木材内部，其他一些品种则居住在由黏土、沙子、土壤、白蚁唾液和粪便制成的蚁丘中。白蚁丘的地上部分称为"烟囱"，上面布满小孔，空气可以自由地穿过。

"烟囱"里充满了管道，这是一项使得整个巢穴中的空气能够进行循环的奇迹工程。虽然大多数白蚁生活在地面或地下的巢中，但蚁丘中充满了储存木材的小房间。白蚁还在巢穴里种植真菌，用来帮助它们将木材分解为食物。

实验 20

Esther Lederberg
生物学家 | 埃丝特·莱德伯格

——生于1922年

大萧条

埃丝特·米里亚姆·齐默（Esther Miriam Zimmer）于1922年出生于美国纽约的布朗克斯区。在她7岁时，经济大萧条[①]席卷而来。埃丝特小时候经常挨饿，午餐常常只有一片西红柿汁涂抹过的面包。她和祖父很亲近，祖父教授她学习希伯来语。

努力成为科学家

埃丝特16岁时，她从高中毕业并荣获奖学金进入纽约城市大学的亨特学院继续学习。她热爱文学、音乐和法语，但最终决定学习生物化学。大学毕业后，她到加州的斯坦福大学攻读遗传学的硕士学位。为了维持生活的基本开支，她一边在大学实验室里工作，一边帮她的房东太太洗衣服。

威斯康星大学麦迪逊分校

1946年，埃丝特和乔舒亚·莱德伯格（Joshua Lederberg）结婚，并随夫改姓，乔舒亚也是一名科学家，他在威斯康星大学的麦迪逊分校当教授，因此他们搬家到了麦迪逊市。虽然埃丝特有斯坦福大学的硕士学位以及博士研究的经历，但她仅仅只能作为实验助手在乔舒亚的实验室里工作。在威斯康星大学期间，夫妇二人在细菌学领域做出了突破性的研究。1959年，他们回到斯坦福大学，乔舒亚成了斯坦福大学的终身教授。获得博士学位并提出几项重大发现的埃丝特在接下来的15年中继续作为资深科学家在实验室里工作。15年后，埃丝特被任命为斯坦福大学的客座教授，并担任质粒研究所的主任。

重大发现

1950年前后，埃丝特在进行她的博士研究时，发现大肠杆菌被一种病毒感染，她把这种病毒命名为"噬菌体"。在研究中，她发现这种病毒很特别，能够把自己的DNA插入宿主细菌中。她还发现了细菌的一段DNA序列，它能够让细菌彼此交换DNA。

影印接种法

埃丝特还发明了一种很重要的实验技术——影印接种法，这个方法是用一块天鹅绒垫把菌落从一个培养基上转移到另一个培养基上，以维持之前的菌群的形态。使用这种方法，科学家能比较容易地找到因基因变异而能够在含抗生素的培养基上生长的细菌。

当今世界

时至今日，噬菌体仍是分子生物学研究中一个很重要的载体，每天世界上都有很多实验室在使用这个工具。

---

① 指1929—1933年之间的全球经济大衰退。（编者注）

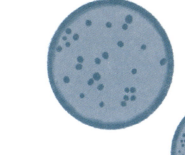

实验 | 噬菌体/影印接种法

埃丝特·莱德伯格因发现一种名为 λ 噬菌体的病毒而闻名于世，她还发明了一种重要的实验室技术，即影印接种法。在本实验中，你将使用马铃薯和棉签来模拟影印接种法。

▶ **实验材料**

→ 土豆
→ 锋利的刀
→ 棉签
→ 牙签
→ 纸
→ 颜料
→ 笔刷

▶ **安全提示和注意事项**

→ 请成年人协助进行土豆切片。
→ 如果土豆切片不能很好地压印出图案，可以直接将其压印在纸上。这个实验的目的是演示细菌菌落是如何被提取出来并复制到其他的培养基上的。

图5：使用干的土豆片从模拟的培养基中拾取"菌落"。

▶ **实验步骤**

1 将土豆切成2.5厘米厚的切片。

2 剪下棉签头待用。

3 取一片土豆片，用牙签在上面戳洞，形成随机的图案。（图1）

4 将棉签头插入洞中，代表培养皿上生长的细菌菌落（参见实验10）。尝试让插入土豆片的棉签头处于同一高度，方便后续均匀压印。（图2）

5 重复步骤2～4，制作更多的土豆片"培养皿"。每个"培养皿"上的"菌落"分布图案各不相同。（图3）

6 在纸上描绘土豆片的轮廓，形成多个"培养皿"图案。

7 将插在土豆片上的每个棉签头涂上颜料。（图4）

8 把其余没有插棉签头的土豆片擦干。取一片对压在涂过颜料的土豆片"培养皿"上，蘸取颜料。（图5）

9 然后将其压在另一块土豆片或纸上画的"培养皿"图案里"盖章"，看如何在上面复制出图案。（图6）

10 如果使用土豆片复制图案的效果不佳，可以直接将菌落图案印在纸上。

11 在其他"培养皿"上重复以上步骤。

> ☀ **奇思妙想**
>
> 在培养基上培养酵母。（参见实验10）将酵母和水混合在一起，然后使用干净的牙签将其涂抹在培养基上。酵母生长几天后，使用盖着纸巾或丝绒布的广口容器，尝试将酵母菌落的图案印在新的培养基上。

图1：在土豆片上戳洞。

图2：插上棉签头。

图3：制作更多的"培养皿"。

图4：在棉签头上涂颜料。

图6：将颜料印到另外的土豆片或纸上的培养皿图案里，以此来复制菌落。

 科学揭秘

　　大肠杆菌是在包括人类在内的哺乳动物的下消化道中发现的一种细菌。在本实验中，这种细菌是生物研究必不可少的工具。大肠杆菌不仅培养成本低，而且分裂得很快。科学家经常将它们用于重组DNA技术，把来自其他生物的DNA片段添加到大肠杆菌中，利用它产生外来蛋白质。

　　当大肠杆菌散落在培养基上时（参见实验10），它们迅速分裂形成肉眼可见的被称作"菌落"的斑点。每个菌落都包含数十万个基因相同的细菌。

　　埃丝特和她的丈夫使用影印接种技术显示了DNA突变在大肠杆菌中是频繁且随机发生的。通过将相同的菌落从一个培养皿复制到另一个培养皿，他们发现：无论细菌是在含有抗生素的培养基还是在不含抗生素的培养基上生长，某些菌落已经发生了突变，从而产生了抗药性。这都表明DNA突变是随机的，不是由在抗生素环境中的生长引起的。

生物学家 | 琼·阿尔梅达

June Almeida

——生于1930年

一种新型病毒

当琼·阿尔梅达发表论文介绍她新发现的一种病毒时，审稿的科学家告诉她说数据有误。琼是世界上技术最好的电子显微镜技术员，她很快就证明是同行错了。她给这种新型病毒拍摄了完整的高清晰度照片，并和同事一起将新型病毒命名为冠状病毒。

投身工作

琼于1930年出生在英国的苏格兰，她从小就是一个聪明的孩子，但却没有足够的钱去读大学。16岁的时候，她离开学校，开始在一所医院的实验室里工作，那是她第一次使用显微镜。组织病理学是通过研究人体组织切片来诊断疾病的，琼在这一领域展现出了很高的天赋。

电子显微镜

后来，琼去到伦敦的一个实验室里工作，结婚后她搬家到加拿大，在那里学会了使用电子显微镜，这种显微镜有很高的分辨率，能够放大和辨识病毒。虽然琼并没有大学学位，但她在操作和使用显微镜方面能力很强，因此她的科研合作者在发表病毒结构相关的论文时都会把她列为共同作者。

聚在一起的病毒

沃特森（A.P. Waterson）是一位从事病毒学研究的英国科学家，他说服琼回到英国，琼回国后获得了科学博士学位。琼·阿尔梅达博士拍摄了第一张引起德国麻疹的风疹病毒的照片。她也发明了一种叫作"免疫电子显微镜"的重要技术，这种技术使用抗体把病毒颗粒聚合在一起，使其更容易被识别。

显微镜下的光环

当一位同事请她在电子显微镜下辨识一种病毒的时候，琼认为这种病毒与她之前在论文中研究的那种病毒很相似。这一次，科学界终于相信了她发现了一种新型病毒。琼和她的同事将这种新型病毒命名为"冠状病毒"，因为在琼的电子显微镜图片里，病毒颗粒的外圈有着一个皇冠似的光环。

后来，琼·阿尔梅达博士还研究了鸟类呼吸道病毒和乙肝病毒，发表了很重要的论文。1980年，琼退休以后，又专程回到实验室帮忙拍摄HIV病毒[①]的影像。

当今世界

得益于琼·阿尔梅达和她同事们的研究工作，科学家们能够辨识出SARS病毒以及新型冠状病毒都属于冠状病毒。阿尔梅达和她的同事们之前关于冠状病毒和其他病毒结构的研究，直至现在仍在帮助科学家们开发疫苗和药物，以治愈人和动物的病毒感染。

---

① 人类免疫缺陷病毒（human immunodeficiency virus）简称HIV，俗称艾滋病毒，感染此病毒会导致艾滋病。（编者注）

实验 | 冠状病毒/凝集

琼·阿尔梅达开创性地研发了一种显微技术，该技术能够用抗体（一种Y形蛋白质）把病毒聚集在一起。在本实验中，你将使用手工黏土和牙签制作病毒和抗体模型，以此来演示被称为"凝集"的结块过程。

▶ 实验材料

→ 手工黏土
→ 短木签或切掉棉花头的棉签
→ 牙签
→ 托盘或烤盘

▶ 安全提示和注意事项

→ 孩子在使用牙签和木串时，需有成年人在旁看顾，防止受伤。

▶ 实验方法

1 将手工黏土团成小球，插在木签或牙签棒的尖头一端。制作若干根。（图1）

2 再将两根牙签插入黏土球中，以形成一个Y形物体。每个Y形物体代表一个抗体。抗体是一种蛋白质，可以识别并结合到被身体识别为异物的物体上，例如细菌、病毒和真菌。（图2）

图6：通过将多个抗体连接到某类病毒上来凝集病毒颗粒。

3 使用手工黏土，制作10～20个病毒颗粒。从网上查找你想模拟的病毒图像，尽可能去模仿它的形状。或者使用插满尖刺的小球代表冠状病毒。（图3）

4 将抗体和病毒颗粒放在托盘或烤盘上。（图4）

5 使用抗体捕捉病毒颗粒，即把病毒颗粒附着在牙签上。（图5）

6 要凝集病毒，就用代表抗体的牙签连接更多的相同病毒颗粒。（图6）

7 将病毒颗粒与抗体结合可以起到中和病毒的作用。

图1：把手工黏土团成球，插到木签上。

图2：用木签、牙签和手工黏土制作多个Y形抗体。

图3：用手工黏土制作病毒颗粒。

图4：制作15～25个病毒颗粒。

图5：用抗体捕捉病毒颗粒。

☀ 奇思妙想

病毒有多种形状和大小。查找有关引起感冒和流行性感冒等常见人类疾病的病毒的信息，进一步了解它们，包括它们的传播方式和疫苗的制作方法。

科学揭秘

我们的身体一直在与入侵的微生物交战。某些病毒可以劫持我们的细胞，复制出数以百万的病毒，使我们生病。被称为"抗体"的蛋白质是我们身体应对这些看不见的敌人的最好防御。

抗体会标记病毒颗粒，白细胞进而将其消灭。此外，它们会使病毒颗粒聚集在一起，使其无法进入人体细胞。科学家将这种现象称为"凝集"。

多种抗体可以同时附着在病毒颗粒上，并且每种抗体的不同的"臂"可以附着在不同的病毒颗粒上。这使得抗体可以凝集病毒颗粒，使白细胞更加容易识别、吞噬并破坏它们，这种过程称为吞噬（参见实验9）。在大多数情况下，大的被抗体包裹的病毒块无法进入细胞，也就无法引发感染。

≡ 实验 22 ≡

生物学家 | 路易斯·巴普蒂斯塔

Luis Baptista

——生于1941年

鸟鸣茶馆

路易斯·费利佩·巴普蒂斯塔（Luis Felipe Baptista）是一位著名的鸟类学家，他于1941年出生在香港地区，有着葡萄牙和中国的血统。小时候，他的父亲会带他去一个鸟鸣茶馆，在那里人们带着鸟笼，一边品茶一边听小鸟唱歌。这一段经历点燃了路易斯对鸟类的兴趣，他自己也开始饲养金丝雀。随着小鸟长大，路易斯给小鸟唱歌，接着便惊奇地发现他养的成年鸟能够唱出一模一样的歌声。

旧金山

路易斯十多岁的时候，他们全家从香港搬到美国旧金山，他开始在加州科学院植物和鸟类学系的实验室里当助理。在旧金山大学，他获得了学士和硕士学位，在海湾对面的加州大学伯克利分校获得了博士学位。

在金门公园里研究麻雀的人

毕业之后，路易斯前往德国研究苍头燕雀的叫声，在研究中，他发现雀鸟都有自己的语言。当他1975年回到加利福尼亚州后，开始对白冠麻雀的歌声感兴趣，后来他能够辨识出旧金山金门公园里每一只白冠麻雀的叫声，以及雀鸟在旧金山湾区不同地方歌声的差异。

教师和合作者

路易斯·巴普蒂斯塔的研究指出了鸟类是如何学习唱歌以及形成新歌声的。因为智慧、幽默和个人魅力，他也深受学生的喜爱。他和很多不同领域的科学家一起合作，也与旧金山动物园合作，帮助快要灭绝的鸽子重新回归自然。他与乔尔·韦尔蒂（Joel C. Welty）合作出版的《鸟类的生活》（*The Life of Birds*）启发了很多学生去学习鸟类学。

生命的乐章

路易斯·巴普蒂斯塔能以半速吹口哨的方式完全模仿麻雀鸣叫。他一生热爱音乐，在他最后的几次演讲中，谈到如何将鸟类的鸣叫声加入音乐，他认为鸟类的歌声与人类创作的音乐有相似之处。2020年，路易斯·巴普蒂斯塔离世。

当今世界

鸟类广泛分布在地球上的各种生态环境中。时至今日，科学家们还在研究鸟类的种群数量、生物多样性、迁徙行为、交配及筑巢环境等，以及人类活动和地球环境变化对鸟类的影响。

实验 | 鸟类学/鸟鸣

路易斯·巴普蒂斯塔善于分辨鸟鸣，并且可以识别旧金山金门公园中每只白冠麻雀的声音。到户外观看和倾听鸟类的声音，试试你的听力和吹口哨的本领。你能通过鸟叫声来识别鸟类吗？

▶ **实验材料**
→ 关于鸟类识别的书或应用程序（可选）
→ 记事本
→ 钢笔或铅笔
→ 双筒望远镜（可选）

▶ **安全提醒和注意事项**
→ 出发进行观鸟探险之前，先涂上防晒霜和驱蚊剂。如考察时间较长，请带上水瓶、零食以及一条毯子或毛巾。
→ 请记住，一开始很难通过叫声识别鸟类，但经过练习就会变得比较容易。

图3：闭上眼睛，倾听鸟鸣。

▶ **实验步骤**

1 在出门前，上网或使用书籍来研究住址附近常见的鸟类。请记住，许多鸟类会从一个地方迁徙到另一个地方，因此季节不同，你所在地区的鸟类也会不同。

2 通过网络查看鸟类的外观，听它们叫声的录音，描述并记录鸟的鸣叫及歌唱的特点。

3 选择人少的时候到户外去，可以选择公园、田野或林木地区。时刻保持眼睛和耳朵的警觉。如果看到鸟，请寻找可区分其种类的特征，例如大小，颜色和斑纹。使用双筒望远镜有助于你进行观察识别。（图1，图2）

4 站立或坐在一个安静的地方，闭上眼睛，倾听鸟鸣。除叫声外，你可能还会听到翅膀扇动的声音，或是啄木鸟敲击树木的声音。（图3）

5 尝试识别单只鸟的叫声。用笔记本记录下你听到的声音：是高音还是低音？是歌唱还是短暂的鸣叫？是否与你写下的文字描述或听到的录音相匹配？（图4）

6 试着通过吹口哨的方式重复你听到的鸟鸣。（图5，图6）

7 使用关于鸟类识别的书籍或应用程序，查找你看到和听到的鸟类的名称，将它们记录在笔记本中。

图1：找一处地方来观鸟。

图2：望远镜能帮助观察和辨识鸟类。

图4：试着辨识每只鸟的叫声。

图5：用口哨模仿你听到的鸟鸣。

图6：你能模仿鸟类的颤鸣和啭鸣声吗？

☀ 奇思妙想

　　每周多次返回同一地点。每天倾听和观察鸟类，记录你的发现。熟悉公园、田野或林区里会出现的鸟类，这有助于识别鸟类。如果你经常前往同一个区域，你会逐渐学会根据其叫声和外观来识别它们当中的每一个个体。

💡 科学揭秘

　　寻找鸟类的最佳的方法不是用眼睛看，而是用耳朵听。观鸟专家们也常常靠听鸟鸣来区分外表相似但叫声不同的鸟类物种。

　　鸟类靠一个微小的鸣管发出鸣叫声。一些鸟类只能发出几个音符，而另一些能发出音域宽广的啼啭。鸟类会用歌声吸引配偶和保卫领地，用单一短促的叫声交谈和预警。

　　善于用耳朵听鸟鸣的人会用颤鸣、嚓鸣、混厚、尖细、刺耳、哨声、笛音、铃声、金属音等词语来形容各式各样的鸟鸣声。很多鸟类在清晨鸣叫，在炎热的天气则会保持安静。当很多鸟同时鸣叫时，的确很难分辨出某一只鸟的歌声，但只要多加练习，你还是能够辨识出社区附近鸟类的歌声。

————————
①鸣管由气管上多个扩大的软骨环组成。（编者注）

Patricia Bath
生物学家 | 帕特里夏·巴思
——生于1942年

来自化学实验的兴趣

帕特里夏·巴思于1942年出生在美国纽约的哈林区。她的父亲是一位地铁操作员,母亲在照顾帕特里夏和她弟弟之余也做管家的工作,因此为孩子们的教育存下了一点钱。帕特里夏的父母一直鼓励她在学校认真念书,有一次母亲买回家了一套化学实验套装,这激发了帕特里夏对科学的兴趣。

热爱科学

在高中阶段,帕特里夏在数学和科学学科上表现优异,同时她也发现了自己对生物学的热爱。16岁时,她参加了美国国家科学基金会举办的一次研讨会,她所做的关于癌细胞的研究报告让人印象深刻,并被收录为学术论文。在大学里修完化学学位后,她继续在霍华德医学院学习并于1967年获得了医学学位。在马丁·路德·金[①](Martin Luther King Jr.)被暗杀的那一年,(作为非洲裔美国人)帕特里夏曾组织她在医学院的同学们去社区义务帮助没有经济能力负担医疗服务的人们。

眼科大夫

帕特里夏·巴思回到家乡的哈莱姆医院工作,她注意到这所医院里的眼盲患者比邻近的医院多。她在那里作为住院医师继续深造,最终成为了一位眼科医生。当帕特里夏·巴思医生发现一些人比较容易患眼疾后,她很想查明原因并帮助他们。她在哈莱姆医学中心建立了一个眼科诊所,开始做眼科手术。1972年,她结婚并且生了一个女儿,她给女儿取名为埃里卡。

一位发明家

帕特里夏·巴思医生搬到洛杉矶居住后,继续致力于改善为盲人患者做手术的技术。她发明了一种能溶解白内障的医疗设备:白内障在老人中发病率很高,当白内障溶解之后,就能将新的晶状体放置到患者眼睛里。帕特里夏·巴思医生在眼科手术方面有四项发明专利,得益于她的发明,失明数十年的人们也能重见光明。在她的行医生涯中,也为导致视力问题的社会因素而奔走呼吁,比如贫穷和医疗资源的不足。她合作创立了美国防盲协会,其基本宗旨认为"视力是基本人权"。她于2019年去世。

当今世界

帕特里夏·巴思医生对手术医疗器械及眼部健康的贡献时至今日还在眼科诊所里被广泛应用。

---

① 一位美国牧师、社会运动者,他主张以非暴力的方法争取非洲裔美国人的基本权利,并发表了著名演讲《我有一个梦想》。(编者注)

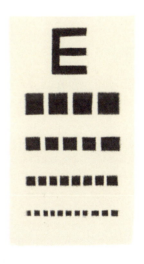

实验 | 医疗设备/白内障手术

帕特里夏·巴思医生通过她的发明，例如用于白内障手术的医疗设备，改善了无数人的生活。试着用蜡纸制作双筒望远镜的镜片，亲身体验白内障是如何干扰视力的。了解如何用透明的镜片代替混浊的镜片来改善视力。

▶ **实验材料**

→ 直尺
→ 长的卷筒纸芯
→ 剪刀
→ 蜡纸或羊皮纸
→ 透明保鲜膜
→ 橡皮筋

▶ **实验步骤和注意事项**

1 用尺子测量纸芯的长度。用剪刀在芯管中央剪一个缺口，然后将芯管切成两个等长的圆柱体。

2 将两张蜡纸或羊皮纸剪成正方形，用于覆盖芯管末端的开口。（图1，图2）

3 用橡皮筋将纸片固定在芯管的末端，像使用双筒望远镜一样通过芯管观察。你能看清楚吗？（图3）

图5：再次观察。

4 取下蜡纸做的盖子。

5 剪下两片正方形的透明保鲜膜，然后用橡皮筋将其固定到芯管的末端。（图4）

6 再次观察，并注意视野上的差异。这次体验类似于摘除白内障并用透明晶状体进行替代后的视力改善状况。（图5，图6）

✦ 奇思妙想

想想还有哪些可以改善人们生活质量或延长寿命的医疗设备？你能想出几种？你认识的人里有进行过髋关节置换术、安装过心脏起搏器或进行过白内障手术的吗？

图1：裁剪蜡纸。

图2：为每个眼睛分别制作一个蒙住的纸筒。

图3：透过蜡纸观察，体会白内障的视觉感受。

图4：将蜡纸替换为透明薄膜。

图6：体会视觉感受的不同。

 科学揭秘

每只眼睛的晶状体都紧贴在虹膜后面，虹膜是眼睛结构中调节瞳孔大小的彩色部分。晶状体是一个透明的结构，它将光线聚焦到眼睛后方的视网膜上形成图像。透明的晶状体对于良好的视力至关重要。天然的晶状体由蛋白质和水组成。

白内障指晶状体发生混浊，是通常发生在老年人群中的慢性症状。白内障患者通常会描述说他们眼前仿佛有尘土或结霜的窗户。

幸运的是，帕特里夏·巴思和其他发明者开创了先河，能够摘除浑浊的晶状体，并用硅树脂或丙烯酸制成的透明人造晶状体进行代替。如今，白内障手术非常成熟，每年帮助数百万人恢复视力。

≡ 实验 24 ≡

Danielle Lee
生物学家 | 丹妮尔·李

——生于1974年

来自萤火虫的科学启蒙

丹妮尔·李在美国田纳西州的南孟菲斯长大。她的亲生父亲是一位音乐家；8岁时，母亲再婚，继父是一位拖车轮胎修理工。丹妮尔的母亲再婚前，一直在孟菲斯市公园委员会工作，并在大家庭的帮助下抚养丹妮尔。由于她母亲的工作，丹妮尔有很多时间在户外玩耍、在森林和田野里探索。在寻找四片叶子的三叶草的过程中，她本就擅长的观察图像的能力得到了进一步锻炼。她还喜欢收集萤火虫，能用蒲公英和三叶草的花来编织花环。

寻找图案之旅

丹妮尔从小就对动物行为非常感兴趣。当天空中有鸟群飞过，她会观察飞鸟在空中的运动轨迹，也会思考鸟类飞行的路线是否有规律，鸟群是否会主观决定跟随哪一只鸟来飞行。她从不会感到无聊，在丹妮尔的空闲时间里，她会读书、听音乐、做手工。她喜欢上学并有很强的学术表现，但有时候会因为和好朋友聊天太久而受到批评。丹妮尔的老师也对她优秀的沟通能力感到惊讶，这项能力对她将来成为教授非常重要。

一位教授

丹妮尔于1996年在田纳西技术大学荣获学士学位。她最开始想去读兽医，但未能成行，幸运的是她开始研究田鼠的嗅觉并爱上了哺乳动物学这门学科。她在孟菲斯大学获得硕士学位、在密苏里–圣路易斯大学荣获生物学博士学位。现在，她在南伊利诺伊的爱德华兹维尔大学教授哺乳动物学及城市生态学，正在研究非洲巨颊囊鼠的行为，她很喜欢到非洲的坦桑尼亚做野外调研。

一位科学沟通者

丹妮尔·李教授以善于激发人们对科学的兴趣而闻名。她在社交媒体上与公众对话，并且致力于弱势群体的公益教育。作为科学领域的有色人种女性，她常常在面临挑战时一再坚持。她因工作受到很多荣誉，尤其是在鼓励少数族裔参与科学、技术、工程和数学领域的工作方面。她于2015年受邀做TED演讲[①]，并在2017年被美国国家地理评为"新兴探险家"。

四片叶子的三叶草

丹妮尔·李博士实验室的标志是有四片叶子的三叶草。这四片叶子各代表了一个词：行为、生态、正义和外联。观察是科学研究的基础，这个标志也提醒她和同事们多角度思考是必要的。正如不同的人看到同一个三叶草会联想到不同的图案，多方视野能把大局和细节进行有机结合。

当今世界

研究哺乳动物及动物行为很重要，能够让我们明白经济行为、人类健康以及野生动物保护的重要知识。像丹妮尔·李教授这样的现代科学家也致力于与公众对话来获得科学研究的各方支持以及启发未来的科学家。

---

① TED演讲指的是由美国非营利组织TED举办的一系列演讲，是一个致力于传播各种思想和知识的平台。（编者注）

实验 | 图像识别/科学传播

丹妮尔·李从小就喜欢收集四片叶子的三叶草，这使她在观察和识别图像方面格外出色，也正是这两项技能使她成为成功的生物学家。在本实验中，你将试着寻找四叶草以提高图像识别的技能。

▶ 实验材料
→ 小塑料袋
→ 胶带（可选）
→ 报纸和厚重的书

▶ 安全提醒和注意事项
→ 寻找开白花的三叶草，即科学家所称的"白三叶草"，会比单独寻找四片叶子的三叶草更加容易些。如果它们有三片叶子，叶子上的白色条纹会形成三角形，如果它们有四片叶子，条纹则会形成正方形或蝴蝶形。

图3：花一点时间寻找四片叶子的三叶草。

▶ 实验步骤

1 如果你不知道三叶草的样子，请上网查找它们的图片。

2 到公园、草坪或田野中寻找三叶草。（图1）

3 眼睛快速扫过草地，寻找是否有三叶草。（图2）

4 寻找四片叶子的三叶草，要有耐心，可能要花一点时间。（图3）

5 收集发现的所有四片叶子的三叶草，并将其保存在塑料袋中。也可以将它们粘贴在戴在手腕上的胶带上（黏性面向外）。（图4，图5）

6 收集一棵三片叶子的三叶草和花，也将其放到你的袋子中。

7 到家时，将所采集的所有三叶草夹在两页报纸之间，再夹到厚书中。（参见实验15，图6）

✦ 奇思妙想

将三叶草添加到你的植物收藏中。（参见实验15）告诉其他人你对三叶草的了解，或者根据科学概念、你感兴趣的实验等，制作简短的科学小视频，练习科学传播的技能。

图1：寻找三叶草。

图2：眼睛迅速扫过草地。

图4：将采集到的三叶草放入袋中。

图5：或者制作三叶草手环。

图6：压制三叶草用于保存。

 ## 科学揭秘

三叶草属的三叶草，顾名思义，有三片叶子，是豆科的一员。三叶草大约有300个物种，几乎在每个有植被的地方都可以找到三叶草。除了对农业和蜜蜂等授粉者很重要之外，三叶草根部有固氮菌生长，有助于增加土壤中的氮元素。

白三叶草非常常见。常说的三叶草的叶子实际上是组成一片叶子的小叶。有时候，三叶草的DNA发生突变，会生长出一片额外的小叶，通常比其他小叶更小一些。通过杂交三叶草，日本人小原重男（Shigeo Obara）种植出了具有56片小叶的三叶草，这也是三叶草小叶数量的世界纪录。

一些三叶草种植者报告说，有四片小叶的三叶草的比例是万分之一。根据该数字以及三叶草的生长密度，每1.2平方米的三叶草植被中可以找到一棵四片叶子的三叶草。

≡ 实验 25 ≡

生物学家 | 蕾·温-格兰特

——生于1985年

Rae Wynn-Grant

在城市里长大

蕾·温-格兰特在大城市里长大。她出生于美国旧金山,在加州度过了她的童年时光。她的母亲是一位作家,父亲是一位建筑师,出乎家人意料的是,蕾决定成为一名野生动物学家。从小,蕾就很喜欢看野生动物的纪录片,在她十多岁的时候,她梦想着将来自己能制作像美国国家地理那样的电视纪录片。在中学阶段,她挣扎于传统的教学方式,觉得数学和科学对她而言很有挑战,但她喜欢她所学到的关于自然世界的知识,并没有因为成绩不理想而放弃。

环境研究

蕾在高中毕业后在埃默里大学学习保护生物学,研究如何保护和恢复地球上的生物多样性。19岁时,她在东非第一次看到了真正的野生动物。蕾在耶鲁大学完成了硕士学位的学习,专业是环境研究,之后在博士学习过程中,她研究了食肉动物是如何改变它们的行为来适应因人类活动带来的环境变化。

狮子、狐猴和熊

蕾很喜欢研究熊。"它们就像人一样,"在接受美国国家地理的节目访谈中她分享道,"它们喜欢闲逛。"在哥伦比亚大学获得生态学和进化论的博士学位后,蕾在美国自然历史博物馆从事博士后的工作,研究蒙大拿州棕熊的行为以及栖息地的特点。现在,她正在研究内华达州和纽约州山地的熊、坦桑尼亚的狮子以及马达加斯加的狐猴。

温-格兰特博士喜欢研究狮子等动物在人类居住地附近时,会如何改变其行动轨迹和捕猎行为。她的研究工作致力于帮助人类和大型肉食性动物在地球上和平相处。

梦想成真

蕾现在是美国国家地理协会的一员,是一名研究大型肉食动物的生态学家,在世界范围内研究大型肉食动物的保护。她是美国自然历史博物馆的客座科学家、哥伦比亚大学和约翰霍普金斯大学的教授。科普也是温-格兰特博士很重要的一项工作,她向各行各业的人们普及环境科学,也向城市里的孩子们展示她在大自然中的工作。她的座右铭是"激情不是表演出来的",正是激情与努力让她梦想成真。

当今世界

随着人类人口增长,人类开始进入野生动物的栖息地。蕾·温-格兰特博士和其他保护生态学家的工作对人与动物们和谐共处、共享地球资源至关重要。

实验 | 肉食动物生态学/动物行为学

蕾·温-格兰特花费了许多时间观察、追踪和诱捕野生动物以研究其行为。试着在你家附近或公园中观察动物的行为，这会很有趣。在本实验中，你将使用饼干屑来捕获蚂蚁，以此研究昆虫的行为，并观察记录更大的动物（例如松鼠和鸟类）的行为。

▶ 实验材料

→ 饼干屑
→ 小塑料袋
→ 石头
→ 记事本
→ 铅笔或钢笔
→ 放大镜（可选）
→ 双筒望远镜（可选）
→ 照相机（可选）

▶ 安全提示和注意事项

→ 切勿尝试捕捉野生动物，与之保持距离。
→ 将蚂蚁捕获器放置在你之前见过蚂蚁的区域。
→ 如果附近没有野生动物，可以研究宠物的行为，例如狗、猫或鱼。

▶ 实验步骤

捕获蚂蚁

1 在塑料袋中放入一些饼干屑。（图1）

2 在户外找个远离人群的地方，将袋子放在地面上。

3 确保袋子有开口，蚂蚁可以爬进里面吃饼干屑。在袋子上放一块石头防止被吹走。

图4：你可能会惊奇于自己在地上的发现。

4 每隔几个小时或在第二天检查一下袋子中是否有蚂蚁。如果一两天后仍看不到蚂蚁，将袋子换个位置放置。

5 观察蚂蚁的行为，将其记录在笔记本上。标注日期，并描述大小、颜色和其他有助于识别蚂蚁的特征。使用放大镜仔细观察。（图2）

观察动物

1 寻找附近的野生生物，例如鸟类、松鼠和兔子。通过窗户观察它们，或者在走路时寻找动物以及动物的痕迹，例如脚印、粪便、洞和巢。（图3，图4）

2 使用笔记本和照相机记录你的发现，包括看到动物的日期和时间。

3 记录动物的行为：它们在吃饭吗？它们在吃什么？它们如何与环境和其他动物互动？（图5）

4 描述动物的外观。使用双筒望远镜仔细观察，它们健康吗？请注意所有可能帮助你识别它们的特征标记或特点。（图6）

5 思考人类行为会如何影响动物的栖息地、食物供应以及行为。

6 在同一地点多次观察动物。它们定期出现吗？它们最有可能在一天中的什么时间出现？（图7）

图1：将饼干屑放到袋子里。

图2：研究捕获的蚂蚁。

图3：查找动物留下的痕迹。

图5：可以顺便观察昆虫等节肢动物。

图6：使用望远镜能得到更清晰的观察。

图7：和朋友一起观察动物，并比较各自所做的笔记。

奇思妙想

使用照相机拍摄你发现的野生动物。照片可以帮助你更细致地观察动物个体，这有助于识别不同的物种。

科学揭秘

研究动物行为需要耐心，首先需要花时间才能找到动物，其次，人们找到它们之后，需要对它们的行为进行长期观察。著名的灵长类动物学家简·古道尔（Jane Goodall）经常花几个小时、几天甚至几周的时间，等待她要观察的黑猩猩出现。

无论是观察鸟类、松鼠还是熊，科学家都知道在观察者和野生动物之间保持足够距离的重要性，这个在研究某些动物时非常重要。此外，人类的存在会导致大多数野生动物改变它们的行为。

现代技术的发展使得在动物身上放置追踪器成为可能，从而使科学家能够从远处追踪动物的行为。为了观察大型食肉动物（例如狮子）和较小的食肉动物（例如有角蜥蜴），可以让它们佩戴项圈，上面有信号发射器。追踪野生动物可以让研究人员了解它们在野外的行为以及它们如何受到人类活动的影响。

专业术语

琼脂培养基

一种稳定、无菌并富含营养物质的培养基。可以用来培养微生物和分离菌落。

凝集

抗体（一种Y型大分子蛋白质）把细菌、病毒甚至细胞聚集在一起的现象。

节肢动物

一类无脊椎或无内部骨骼的生物，如龙虾、蜘蛛、甲虫、蝴蝶和螨虫。

双名法

用属名和种加词（种小名）给各种植物和动物命名的系统。

生物学

研究生命和生物体的学科。包括众多的学科分支：植物学及更细分的草本学，生态学（研究生物体与环境的关系），昆虫学，流行病学（研究人群中的疾病），遗传学（遗传与变异），微生物学（研究用显微镜才能观察到的生物体，比如细菌，病毒和真菌），医学专科（比如眼科），鸟类学，生理学，分类学和动物学。

二分检索表

根据一系列的对照比较来辨识物种的方法。

生物多样性

生态系统中的各式物种。

脱氧核糖核酸（DNA）

生物体及病毒体内的一种链状大分子。呈螺旋形结构，记录着生殖、发育、生长以及细胞功能的遗传信息。

电子显微镜

用带负电荷的电子束来成像的仪器，可以放大很小的结构并清晰成像。

进化

物种一代一代逐渐变化以及变得更多样化的过程。

真菌

一类生物体，其中包括霉菌、蘑菇和酵母菌。

基因表达

基因（脱氧核糖核酸）上记录的信息转录为信使RNA（核糖核酸）并翻译合成蛋白质的过程。

免疫

在第一次感染过微生物或者致命毒素或者接种疫苗之后，生物体内产生自我保护和抗击疾病的能力。

λ噬菌体

一种能感染大肠杆菌的病毒。

变态发育

有的动物在从幼虫到成虫的发育过程中身体形态会发生的变化。例如，黑脉金斑蝶的幼虫毛毛虫会蜕皮、结茧最终羽化成蝶。

微生物

微小的肉眼不可见的生物体，包括细菌、病毒和真菌。有的对人类有益，有的会引起疾病。

自然选择

适应环境的生物有更大概率能够生存下来并繁殖后代的过程。

神经元

神经细胞。

渗透作用

物质穿过半透膜的运动过程，最终达到同等浓度，比如水分子进出细胞膜。

巴氏消毒

一种用来杀菌消毒的方法，比如把牛奶加热到特定的温度来杀死有害的病菌，同时保留牛奶的营养物质和风味。

病原体

引起和传播疾病的微生物，其中包括某一些类别的细菌、病毒或真菌。

盘尼西林

青霉菌产生的一种化学物质，能够抑制或减缓一些有害细菌的生长。

吞噬作用

一类名叫吞噬细胞的白细胞把外来微生物（比如细菌）和固体小颗粒物包围起来并摧毁的过程。

传粉

开花植物把花粉从一棵植物传递到另一棵植物，引起受精作用的过程，比如蜜蜂给果树授粉。

性状

生物体上能够观测到的物理特征，比如花的颜色和豌豆植株的高矮。

参 考 资 料

实 验 1

Jabr, Ferris. "How Did Insect Metamorphosis Evolve?" *Scientific American*, August 10, 2012. www.scientificamerican.com/article/insect-metamorphosis-evolution

实 验 3

Galapagos Conservation Trust. "Darwin's Finches." galapagosconservation.org.uk/ wildlife/darwins-finches

实 验 7

"Robert Koch:Biography."Nobel Prize in Physiology or Medicine 1905.www.nobelprize.org/prizes/medicine/1905/ koch/biographical

实 验 9

"Ilya Mechnikov: Biography." Nobel Prize in Physiology or Medicine 1908. www.nobelprize.org/prizes/ medicine/1908/mechnikov/biographical

Mackowiak, Philip A. "Recycling Metchnikoff: Probiotics, the Intestinal Microbiome and the Quest for Long Life."*Frontiers in Public Health,*1,no.52 (2013).doi:10.3389/fpubh.2013.00052

Norkin, Leonard. "Élie Metchnikoff: The 'Father of Innate Immunity.'" November 3, 2016. norkinvirology. wordpress. com/2016/11/03/elie-metch- nikoff-the-father-of-innate-immunity

Diagram of amoeba engulfing a particle of food by phagocytosis by Kate Taylor[CC0]Wikipedia

实 验 11

Chudler,Eric H.*Brain Lab for Kids:52 Mind-Blowing Experiments, Models, and Activities to Explore Neuroscience.*Quarry Books, 2018.

实 验 12

Lee, Danielle N. "Diversity and Inclusion Activisms in Animal Behaviour and the ABS:A Historical View from the USA."*Animal Behaviour*, 164(June 2020):273–280.doi. org/10.1016/j.anbehav. 2020.03.019

Britannica. "Charles Henry Turner." www.britannica.com/biography/Charles-Henry-Turner

Zhang, Xuan "Silvia." "Insects Are Revealing How AI Can Work in Society." *VentureBeat*, September 5, 2017. venturebeat.com/2017/09/05/ insects-are-revealing-how-ai-can- work-in-society

实 验 13

Kerlin,Kat."Grasslands More Reliable Carbon Sink Than Trees." *Science & Climate*, UC-Davis, July 9, 2018.climat-echange. ucdavis.edu/news/grasslands-more-reliable-carbon-sink-than-trees

Chase, Mary Agnes. Biography. *JSTOR* plants.jstor.org/stable/10.5555/al.ap. person.bm000001409

实 验 14

Vaughan, Carson. "The Incredible Legacy of Susan La Flesche, the First Native American to Earn a Medical Degree." *Smithsonian Magazine*, March1,2017.www.smithsonianmag. com/history/incredible-legacy-su-san-la-flesche-first-native-ameri-can-earn-medical-degree-180962332

实 验 15

García, María-Cristina. "Mexía de Reygades, Ynés (1870–1938)." *Texas State Historical Association: Handbook of Texas*. tshaonline. org/handbook/ online/articles/fme54

University of California, Berkeley. "Ynés Mexía collection, 1918-1966." ucjepsarchives.berkeley. edu/archon/?p=collections/findin-gaid&id=77&q=&rootcontentid=7350

Canada Journal. "Ynés Mexía: Google Doodle Honors Tenacious Mexican-American and Explorer." September 15, 2019. canadajournal. net/world/ynes-mexia-google-doodle-honors-te-nacious-mexican-american-and- explorer-59595-2019

Smithsonian Institution. "Plant DNA Barcode Project." naturalhistory. si.edu/research/botany/research/plant-dna-barcode-project

International Barcode of Life. "DNA Barcoding: A Tool for

Specimen Identification and Species Discovery." ibol.org/about/dna-barcoding

实验 16

"Sir Alexander Fleming: Biography." Nobel Prize in Physiology or Medicine 1945. www.nobelprize.org/prizes/medicine/1945/fleming/biographical

实验 17

Mangal, Mélina. *The Vast Wonder of the World:Biologist Ernest Everett Just*. Millbrook Press,2018.

实验 18

"Jacques Monod: Biography." Nobel Prize in Physiology or Medicine 1965. www.nobelprize.org/prizes/medicine/1965/monod/biographical

实验 20

"Professor Esther Lederberg." WhatIsBiotechnology.org. www.whatisbiotechnology.org/index.php/people/summary/Lederberg_Esther

实验 22

Gaunt, Sandra L. L. and Barbara B. DeWolfe. "In Memoriam: Luis Felipe Baptista, 1941–2000." *The Auk*, 118 (2), 2001: 496–499.

Mosco,Rosemary."A Beginner's Guide to Common Bird Sounds and What They Mean."*Audoubo*n,April12,2017. www.audubon.org/news/a-beginners-guide-common-bird-sounds-and-what-they-mean

实验 23

"Patricia Bath: Biography." April 2, 2014. www.biography.com/scientist/patricia-bath

实验 24

Your Wild Life. "Before They Were Scientists: Danielle N. Lee." yourwildlife.org/2014/02/before-they-were-scientists-danielle-n-lee

The Story Collider."Danielle N. Lee:Working Twiceas Hard." December 8, 2013. www.story- collider.org/stories/2016/1/4/danielle-n-lee-working-twice-as-hard

实验 25

Boyd, Her B. "Dr. Rae Wynn-Grant, a Wildlife Specialist with an Interest in Bears." *Amsterdam News*, September 28, 2017. amsterdamnews.com/news/2017/ sep/28/dr-rae-wynn-grant-wild-life-specialist-interest-bea

Dr. Rae Wynn-Grant: www.raewynn- grant.com

"Dr. Rae Wynn-Grant: Visiting Scientist." American Museum of Natural History: www.amnh.org/research/staff-directory/rae-wynn-grant

Learn, Joshua Rapp. "JWM: Translocated Horned Lizards Face New Hurdles."*The Wildlife Society*,March 6, 2020. wildlife.org/jwm-translocat- ed-horned-lizards-face-new-hurdles

致 谢

这本书是在2020年春夏新冠病毒流行期间撰写和拍摄的。我非常感谢所有在特殊条件下进行实验以及将本书内容整合在一起的人。

首先，我要感谢出版社团队：版权编辑乔纳森·西姆科斯基、艺术总监希瑟·戈丁、项目经理耐尔·维亚莱和蕾妮·海恩斯、文案编辑詹娜·纳尔逊、高级营销总监安杰拉·科尔普斯以及整个设计和编辑团队。我很幸运能与这样一个才华横溢、支持我的团队一起工作。

感谢我的文学经纪人雷亚·莱昂斯，她始终如一的积极态度令人鼓舞。

特别感谢丹妮尔·李博士和蕾·温-格兰特博士，让我将她们作为现代生物学家的光辉榜样收录在书中。

由于在拍摄这本书的实验时，实验者都戴上了口罩，因此我们的拍摄对象主要是物品，所有实验均在户外完成。感谢摄影师安柏·普罗卡西尼将科学实验和孩子们拍得如此精美。谢谢布里奇特、塞拉、克莱尔、迪维亚、弗朗西斯、贡纳尔、哈康、亨利、基林、马克、斯卡利特和苏林，他们是了不起的模型科学家。谢谢凯莉·安·道尔顿用华丽的插图让这本书中的生物学家们栩栩如生。

最后，感谢我的家人和朋友——尤其是肯、查理、梅和莎拉。在病毒流行期间，没有人愿意被困在房子里。

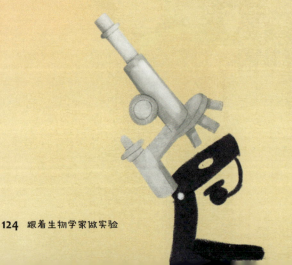

关于作者

从第一次观察蝴蝶开始，丽兹·李·海拿克就喜欢上了科学。在经历了十年多的分子生物学研究工作并获得硕士学位之后，她离开了实验室，开启了人生的新篇章——成为一名全职妈妈。她在三个孩子的成长过程中不断分享着自己对科学的热爱，并用日记的方式在她自己的网络教育平台(KitchenPantryScientist.com)上记录着孩子们的科学探索之旅。

丽兹渴望将自己对科学的热情传播给其他人，很快她经常出现在电视上，发表公共科普演说并出版了多本科普书籍。

平时，丽兹在明尼苏达的家中写作、阅读、给孩子们设计科学实验、唱歌、演奏班卓琴、打理花园、跑步，以及为青春期的孩子们准备食物。

丽兹本科毕业于路德学院，获得了艺术学士学位，后又在威斯康星大学麦迪逊分校获得细菌学硕士学位。

关于摄影师

安柏·普罗卡西尼是美国明尼苏达州明尼阿波利斯市的一位职业摄影师。她擅长拍摄儿童、食物及旅途的照片，她对摄影的热情几乎等同于她对于寻找完美墨西哥夹饼（塔可）的热情。

安柏在为丽兹的第一部书——《给孩子的厨房实验室》拍摄照片时与丽兹相遇，安柏和丽兹有着共同的爱好：都喜欢吃酸黄瓜、肉酱和布利奶酪，这让她们成了最棒的合作伙伴。没有拍摄工作时，安柏喜欢和丈夫一起旅行，享受新的冒险。

关于插画师

凯莉·安·道尔顿是一位住在美国蒙大拿州的大山里的职业画家和插画师。在她充满魅力的始建于1920年的工作室里，凯莉喜欢为儿童书籍、贺卡和礼物创作插画。凯莉的母亲是一位生物学家，凯莉也热爱科学和自然，正因为如此，她在为本书绘图的过程中充满了快乐。画画之余，凯莉喜欢到森林里跑步，和她的小狗们一起玩耍，或者和她的先生一起探险。

图书在版编目（CIP）数据

跟着生物学家做实验／（美）丽兹·李·海拿克著；郑腾飞，方圆译.
—上海：华东师范大学出版社，2023
ISBN 978-7-5760-4163-7

Ⅰ.①跟… Ⅱ.①丽… ②郑… ③方… Ⅲ.①生物学家-生平事迹-世界-
儿童读物 ②生物学-实验-儿童读物 Ⅳ.①K816.15-49 ②Q-33

中国国家版本馆CIP数据核字（2023）第176430号

The Kitchen Pantry Scientist: Biology for Kids: Science Experiments and Activities Inspired
by Awesome Biologists, Past and Present
by Liz Lee Heinecke
© 2021 Quarto Publishing Group USA Inc.
Text © 2021 Liz Lee Heinecke
Simplified Chinese translation copyright © East China Normal University Press Ltd., 2023.
All Rights Reserved.

上海市版权局著作权合同登记　图字：09-2021-0417号

跟着大科学家做实验

跟着生物学家做实验

著　　者　（美）丽兹·李·海拿克
译　　者　郑腾飞　方　圆
责任编辑　沈　岚
审读编辑　陈云杰　胡瑞颖
责任校对　庄玉玲　时东明
装帧设计　卢晓红　宋学宏

出版发行　华东师范大学出版社
社　　址　上海市中山北路3663号　邮编　200062
网　　址　www.ecnupress.com.cn
总　　机　021-60821666　行政传真　021-62572105
客服电话　021-62865537
门市(邮购)电话　021-62869887
地　　址　上海市中山北路3663号华东师范大学校内先锋路口
网　　店　http://hdsdcbs.tmall.com

印　刷　者　上海当纳利印刷有限公司
开　　本　889×1194　大16开
印　　张　8
字　　数　160千字
版　　次　2023年11月第1版
印　　次　2023年11月第1次
书　　号　ISBN 978-7-5760-4163-7
定　　价　68.00元

出版人　王　焰

（如发现本版图书有印订质量问题，请寄回本社客服中心调换或电话021-62865537联系）